イラストと設題で学ぶ

学校のリスクマネジメント
ワークブック

著者
坂田　仰　日本女子大学教授
河内祥子　福岡教育大学准教授

時事通信社

はしがき
― 「子どもの幸せ」を巡る予定調和の崩壊 ―

　保護者が学校に押しかけ、「クレーム」をまくし立てる。どの学校でも目にする〝日常〟といってよいだろう。だが、ちょっと立ち止まって考えてみると、昭和の時代には滅多に見かけることのなかった光景である。昭和から平成に変わる頃、1990年前後から目立ちはじめ、新しい世紀を迎える頃からより顕著になってきた。「モンスターペアレント」、「モンスターレジデント」等という造語を生み出す原動力となった現象である。

　昭和の時代、学校、家庭、地域社会という三つの教育主体は、ある意味で予定調和の状況にあった。さまざまな対立が生じたとしても、「子どもの幸せのために」という一言でまとまることができた。「子どもの幸せ」という言葉が、ある種のマジックワードとして機能し、学校、家庭、地域社会の対立を覆い隠し、学校教育を支える役割を果たしていたのである。

　だが、現在、「子どもの幸せのために」というフレーズにかつての輝きは存在しない。逆に、誰もが自らの権利という視点に立って、学校、教員との関係を考えようとしているかに見える。学校、教員との関係を、愛や情熱、信頼といった情緒的なものではなく、権利、義務という法的プリズムを通して捉えようとする、〝学校教育の法化現象〟の進展である。

　法化現象の進展は、二つの側面で学校経営、教育実践を脅かし始めている。一つは、学校経営、教育実践を、教育の視点ではなく、法的視点から統制しようとする動き、〝法の越境〟である。いじめ防止対策推進法は、まさにその象徴であり、これまで教育の専門家である教員に委ねられてきたいじめ問題への対応を、法に基づき事細かに統制しようとしている。

　もう一つは、教育訴訟の増加である。何らかのトラブルが発生した場合、昭和の時代であれば、徹底した話し合いの下、その解決が目指されてきた。保護者、教員、地

域住民は、さまざまな関係性の中で、紛争の解決に向けて努力していた。しかし、現在は、どうであろうか。「話し合いの様子を録音したい」、「弁護士の同席を求めたい」。当事者から出される要求は、話し合いによる解決ではなく、その後の訴訟を見据えたものになっている。この種の要求に接して、どうしてよいか分からず、ただただ圧倒される教員がいる。

今、学校現場に求められているのは、"法化現象"、"法の越境"が生じていることを意識し、この動きに的確に対応することである。だが、法的視点から学校経営、教育実践を見ることは、教員が最も苦手とする分野であり、研修等が最も遅れている分野と言える。今後、ますます顕著になると予測されている、"法化現象"と"法の越境"、その最前線に立つことを余儀なくされる若手教員をどう育てていくのか。学校現場の悩みは尽きることがない。

本書『イラストと設題で学ぶ 学校のリスクマネジメントワークブック』は、そのはざまを埋めるための企画である。実際に生じた学校教育紛争を題材に、イラストと「設題」を用いた演習等で構成している。リアリティのある、しかも効果的な意識改革を短時間で実現できる格好の教材であると自負している。本書が多くの学校現場で活用され、教育紛争の予防、解決に資することを期待したい。

なお、本書は、独立行政法人教員研修センター（平成29年度より独立行政法人教職員支援機構）の平成28年度委嘱事業「「チーム学校」時代における、アクティブラーニングを用いた「リスクマネジメント研修」講師養成プログラムの開発」の成果を基礎にしている。有益な機会を与えてくれた独立行政法人教員研修センターの皆様に、この場を借りて感謝したい。

平成29年6月1日

日差し暖かな目白台にて

坂田　仰

イラストと設題で学ぶ　学校のリスクマネジメントワークブック

目　次

はしがき…2
本書の使い方…6

総論：学校のリスクマネジメントをどう行うか…7

イラストで学ぶ学校のリスクマネジメント…15

- 事例1　登下校で…16
- 事例2　休み時間の校庭で…20
- 事例3　そうじの時間…24
- 事例4　プール授業で…28
- 事例5　運動会で…32

設題で学ぶ学校のリスクマネジメント…37

- 設題1　課外活動中の落雷事故…38
- 設題2　休み時間中の体育館使用と管理責任…42
- 設題3　昼休み中の校庭事故…46
- 設題4　発達障害児と水泳訓練中の事故…50
- 設題5　発達障害を有する児童のいじめ…54

残された課題…59

資料（関係法令・通知）…64

本書の使い方

　本書は、校内研修や個人研修を行う際、すぐに活用できるよう製作された書籍（ワークブック）です。

　ワークショップ形式で取り組むことが効果的ですが、自学自習も可能です。

● 総論

　学校のリスクマネジメントがなぜ必要なのか、どのような観点が求められているかを簡潔にまとめてあります。日々の教育活動にひそむリスクを低減するには何を意識し、取り組めばよいかを考えましょう。

　学校とそれを取り巻く地域や世論、児童生徒、保護者の考えや思いと教育活動との、バランスをどのように取るかがポイントです。

● イラストを用いた事例演習

　児童生徒は、しばしば突拍子もない行動に出ます。教員がそれに気が付かず、放置すれば、重大事故につながりかねません。そこで、5つの場面での児童生徒の様子をイラストにしました。校内研修等でどこが危険かグループで話し合い、事故を未然に防ぐための対策を具体的に考えてみましょう。解説はその一例です。

　児童生徒の安全教育や保護者会等でも活用することができます。

● 設題を用いた事例演習

　実際に争われた裁判例などから架空の「設題」を作成しました。どの学校においても起こり得る事例を5例挙げてあります。

　設問について、グループディスカッションを行いながら、多角的な観点から、また学校管理職の立場、中堅教員の立場、担任教員の立場から、どのように取り組むべきかを確認しましょう。

　議論の成果や検討結果は模造紙などに書き出して確認すると、より効果的です。文字だけではなく、図を用いたり、色ペンなども活用しながら、考えを具体的に「見える化」することで、学校が抱える潜在的なリスクへの対応をどのように行うべきかが、より明確になります。

● 資料・関連法令、通知

　最後に、残された課題と学校事故を防ぐために知っておきたい法令や通知をまとめました。

　通読しながら、書かれている内容を確認しましょう。

総論：学校のリスクマネジメントをどう行うか

学校を応援する地域社会や保護者の声は、
時として「学校を責める声」に変わることがあります。
教育活動を充実させるために知っておくべき
知識と考え方について裁判例を分析しつつ考察します。

学校のリスクマネジメントをどう行うか

● 組み体操をめぐる"揺らぎ"と"相克"

　小学校の風物詩、運動会に異変が起きています。クラス全員が力を合わせて練習の成果を披露する、ピラミッドやタワーなどの組み体操が猛烈な勢いで姿を消しています。事故が起きた際の責任追及を恐れてのことです。

　しかし、消えゆく組み体操の背後にはもっと大きな問題が隠れています。学校や地域、保護者の間に渦巻く、学校事故をめぐる"揺らぎ"と"相克"という課題です。

　まず"揺らぎ"について考えてみましょう。大阪府下の公立学校で運動会のピラミッドが崩壊する事故が起き、テレビニュース等で報道されました。事故を受けて、2015年の秋頃から、組み体操の是非や、ピラミッド、タワーの段数制限の議論が始まります。
　ある市は、当初、段数制限という形で対応しました。ピラミッドは小学校なら3段まで、中学校なら5段までといった具体的な数値を示して規制に乗り出したのです。ところがその後、「全面禁止」へと方向転換が行われました。

　その間、わずか半年。これはどういうことでしょうか。学校現場は「やってられない」という気持ちになることでしょう。今まで当たり前のように取り組んできたことが、突然、制限され、急いで校内で情報を共有し、保護者や地域の人たちに理解を求めたところ、今度は「全面禁止」という通知が届いたわけです。

　文部科学省にも同じ動きが見られます。2016年1月下旬までは、組み体操への対応は、「学校や教育委員会の判断に委ねる」としてきました。それが2月に入るころ、突然、文部科学大臣が国会等において、全面禁止を含めて検討するという方針を打ち出したのです。

組み体操は、児童生徒がケガをしたり、事故にあったりする可能性が高い種目です。ですので、議論の方向性を否定するつもりはありません。ただ、コロコロと方針を変えれば、学校現場が混乱に陥ることは明らかです。教育委員会や文部科学省の急な方針転換、"揺らぎ"こそが問題なのです。

そして、もう1つの課題、それは学校事故をめぐる、保護者や地域住民の"相克"です。

学校、家庭、地域社会が、日常的な教育活動を語るとき、その合い言葉は「子どものために」です。クラス全員で取り組むピラミッドやタワーは、それをつくりあげる過程でクラスの団結が生まれ、達成できたときには一体感をより強く感じることができます。この感動には大きな教育効果があり、だからこそ「子どものために」是非とも続けていきたいと考えられてきました。

また、組み体操は、運動会の「看板種目」であり、「伝統」となっている学校も少なくありません。だから、方針転換をするといったときの抵抗は、教職員だけではなく、保護者や地域の中にも根強く存在しています。

しかもこの時、「うちの学校では事故は起こらない」という暗黙の前提が共有されているのではないでしょうか。

しかし、一たび大きな事故が起こると、この「思い込み」は一転します。「感動」「団結」「伝統」という声が、今度は「責任追及」の大合唱へと変わっていくのです。

「こんな危ないことをさせて、子どもの安全をどう考えているんだ」「安全配慮義務はどうなっているのか」「謝罪しろ」「責任はだれがとるのか」——。そこでは、「子どものため」と組み体操を後押しした姿はみじんも感じられません。一瞬にして「思考の転換」が成立してしまうのです。そんな"危うさ"と"相克"を事故を境にして、見ることが出来ます。

この"危うさ"は、何も組み体操に限ったことではありません。体育の授業はもちろんのこと、家庭科の裁縫や調理実習、図工など、学校の教育活動の中には、さまざまな危険が潜んでいます。にもかかわらず、そこはあまり意識されていません。というよりも、「事故は起こらない」という"思い込み"の下で展開されているとさえ言えるでしょう。

学校現場は危うい「綱渡り」をしているようなものです。

事故が起こる前は、教育効果の視点から「もっとやれ」とせき立てられます。しかし、

「綱渡り」のロープが切れると、教育効果については誰も目を向けなくなってしまうのです。

そのため、学校は自らを弁護することになるのですが、「子どもの安全を軽視した」という大合唱の前に学校の主張はむなしく響くだけ、むしろ責任追及の声の方が力を増していくことになります。

この点は、学校現場の皆さんにぜひ意識して欲しいところです。同時に、保護者や地域住民の方たちにも真剣に考えていただかないといけない点だと思うのです。

運動会における組み体操、ピラミッド、タワーの問題は、中止すればそれで済むかもしれません。しかし、この"揺らぎ"と"相克"、「思考の転換」という問題構造を変えていかなければ、学校現場の「綱渡り」は際限なく続くことになります。

● 教育活動における効果とリスク

では、学校現場は、この「綱渡り」にどう対処していくべきなのでしょうか。リスクが少しでもあるものはすべて止めてしまうとなると、武道や水泳、調理実習等の授業はできなくなります。かといって、今までのように楽観的に続けていくわけにもいきません。この対立のどこに"調和点"を見いだしていくのか、という点がポイントになります。

教育効果を高めるという意味では、今まで行ってきた伝統的な行事や、一つひとつの教科・科目の持つ意義には大きなものがあります。しかし、子どもが、重大な事故に巻き込まれ、命が危険にさらされることは避けなければなりません。

教育効果と安全管理を徹底的に分析し、取り組むことができる対応は全て行う。考えられるリスクをできるだけ無くした上で、残ったリスクは学校の設置者と学校が引き受けざるを得ない、というのが学校教育の現状でしょう。

そのため、リスクをどのようにコントロールしていくか、「学校のリスクマネジメント」が問われることになります。

リスクマネジメントは、日常的な活動の中で発生する危険を未然に防ぐため、リスクを組織的にコントロールして、減らしたり、回避したりしていこうという考え方です。

もちろん、どれだけ対策を講じたとしても、リスクをゼロにすることはできません。だからこそ、なおさら、限りなくゼロに近づけるための努力や取り組みが求められることになります。

　この取り組みを「予防的コンプライアンス」と呼びたいと思います。
　コンプライアンスという言葉は、「法令遵守」と訳されるのが一般的です。今、さまざまな領域でコンプライアンスの重要性が指摘されています。
　ただ、その中には「言い訳コンプライアンス」も少なくないのではないでしょうか。事故が起こった後、事後対応として何もしないわけにはいきません。そこで、今後の再発防止を掲げ、慌てて「コンプライアンス研修」が行われるといった事例です。
　しかし、事故が起こる前に、そのリスクを低減させるための研修を行うのが本来の姿です。事前に研修を行ってさえいれば、防ぐことのできた事故は幾つも存在します。
　だからこそ、「予防的コンプライアンス」を心掛けていくことが重要なのです。

● 裁判例の分析から

　裁判例の分析を行っていくと、具体的な視点や論点が見えてきます。
　例えば、小学6年生の児童が、組み体操の練習中、4段ピラミッドの最上段から落下して傷害を負った事案があります。児童は、指導に当たっていた教員らに過失があったとして、損害賠償を求める訴訟を提起しました（「小学校組み体操転落事故損害賠償請求訴訟」名古屋地方裁判所判決平成21年12月25日）。
　これに対し、判決は、体育の授業は、積極的で活発な活動を通じて心身の調和的発達を図るという教育効果を実現するものなので、授業の内容それ自体に必然的に危険性を内包しているとします。だからこそ、体育の担当教員は、起こり得る危険を予見し、児童の能力を勘案して、適切な指導、監督等を行う高度の注意義務があるとしたのです。

　組み体操以外の領域も同様です。
　水泳の授業中、小学4年生の児童が他の児童と衝突し死亡した事案では、水泳授業を指導する教員は、衝突によって傷害が生じるような泳ぎ方をさせる場合、泳ぐコースや場所を明確に区分し、あるいは同時に泳がせる児童の数を減らすなどして十分な

間隔を確実にとれるようにするとともに、児童に対しては、他の児童と衝突しないように十分に間をあけて泳ぐよう指導注意するなどの配慮を行う必要があるとされています（「脳梗塞死亡損害賠償請求訴訟」千葉地方裁判所判決平成11年12月6日）。

　また、小学5年生の児童が、家庭科の授業として行われた裁縫実習の時間に、同級生が持っていた裁ちばさみで指を負傷した事案では、裁ちばさみを持って遊んだり、ふざけたりするなど危険な行動に出る児童がいる可能性を、教員は考慮に入れておくべきという判断が示されています（「家庭科裁縫実習事故国家賠償訴訟」東京地方裁判所判決平成15年11月10日）。そして、これを前提に、教員には、児童同士の接近、接触により事故が発生することを想定して、可能な限り教室内の児童の動静を見守り、危険な行動に出た児童に対しては、適宜注意・指導を与えるべき注意義務があるとして、学校の設置者に対して損害賠償を命じたのです。

　校外での活動については、より厳しい安全管理が求められています。
　この点を端的に指摘しているのが、「遠足転落事故損害賠償訴訟」です（岡山地方裁判所判決平成4年5月26日）。遠足で登山に出掛け、下山した際、小学3年生の児童が、引率教員よりも先に歩き、コースを誤り、がけから転落した事案です。
　判決は、自然の中にはそれに内在する危険が存在し、引率教員といえども、そのすべてを把握している訳ではないとしています。だからこそ、引率教員は、児童の安全を図るために、いろいろな状況を想定し、危険に遭遇しないように適切に指示を出し、その指示を守らせるように努める義務があると強調するのです。

● 教育活動における効果とリスク

　これらの裁判例から見えてくる、学校のリスクマネジメントに必要な観点は、大きく3つにまとめることができます。

1. 教育効果と内在する危険をふまえて決定する
　学校は、教育内容の特性等を多面的に分析した上で、子どもたちの状況等も勘案し、教育内容の可否を決定する必要があります。

学校や子どもを取り巻く環境が変化すれば、それに応じてリスクも変わってきます。伝統や慣習を根拠に、ただ漫然と続けていくのではなく、現状に合わせ、その都度、見直しを図っていく必要があると言えます。
　その際に重要なことは、「バランス感覚」です。教育効果にだけ目を向けるのでもなく、リスクのみを過大に評価して萎縮するのでもない。両者の調和点を求めて多角的な視点から議論を尽くす。この姿勢を忘れないことが大切です。

2. 施設・設備は常に安全な状態を確保する

　学校保健安全法は、「当該学校の施設又は設備について、児童生徒等の安全の確保を図る上で支障となる事項があると認めた場合には、遅滞なく、その改善を図るために必要な措置を講じ、又は当該措置を講ずることができないときは、当該学校の設置者に対し、その旨を申し出る」ことを校長に義務づけています（第28条）。
　この「義務」を踏まえて、施設・設備の整備に努めることが求められます。
　また、その前提として、危険の分析を真剣に行っていく必要があります。多くの学校では、少なくとも学期に1回、施設・設備の安全点検を行うことになっています。それが、単なるルーティンになってしまっては意味がありません。点検の向こうに「子どもの笑顔」が見えているでしょうか。この気持ちを常に忘れないで、真摯な態度で臨む必要があると言えるでしょう。

3. 丁寧な指導、安全指導を徹底する

　実際の教育紛争では、子どもたち一人ひとりの特性に応じて、段階を追って丁寧に指導を行っていたか、上の段階に移るに当たってきちんと技量の見極めを行ったのかといった点が、争点になっています。常に子どもの状況を観察し、丁寧な指導を尽くす。この教員として当たり前のことが求められます。

　こうした情報を教職員間で共有し、学校現場でリスクマネジメントについて議論していく必要があります。
　しかし、残念ながら、先生方の意識には、リスクを踏まえて対応する必要を感じている先生と、そうではない先生との間に"大きな格差"が存在します。
　だからこそ、教育活動に内在するリスクと向き合う機会を研修などで意識的に設け、教職員間で議論を重ねることにより、学校全体のリスクマネジメントに対する感度を高めていくことが強く求められているのです。

イラストで学ぶ学校のリスクマネジメント

学校教育活動にひそむ危険をイラストで学びます。
まず危険だと思われる場所を〇で囲んでください（ステップ1）。
次に危機管理の感覚を養うために、事故を防止するために必要な
対策を具体的に考えてみましょう（ステップ2）。
その次の見開きページに危険箇所の解説が掲載してあります。

事例 1

登下校で

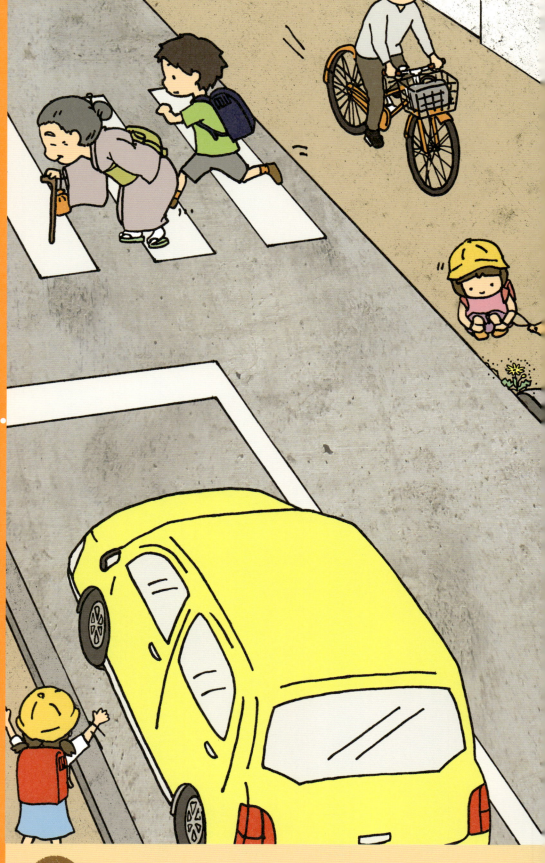

登下校の過程なしで、子どもたちが学校に通うことはできません。登下校中は保護者の目も教員の目も届きにくく、ヒヤッとしたり、ハッとする場面がいっぱいです。

ステップ 1　危険箇所に○をつけ、どんな事故が発生する可能性があるか、最悪の事態を想像してみましょう。

事例1 登下校で

ステップ2 事故を未然に防止するための対策を考えてみましょう。実現できそうな対策にもちろん、現状では難しそうな対策もあげてみることで、将来の対策につながるかもしれません。

①
- ❗道端の花をしゃがんで見ているため、学校に入ってこようとする車の運転手から見えづらい。また手に持った袋が道に着いており、他の歩行者が気が付かずにつまずく。
  - ➡道端ではしゃがみ込まないよう徹底する。万が一体調が悪くなった時は、車道とは逆側の壁側に行って休み、周りの人に助けを求めるよう指導する。

②
- ❗車道を走るはずの自転車が歩道を走っており、歩行者にぶつかる可能性がある。
  - ➡子どもの登下校時には、教職員等が校門に立って指導を行う。その際、地域の人に自転車は車道を走るよう協力を求める。

⑪
- ❗走って横断歩道を渡っているので、左右の確認が十分できておらず、車や歩行中の高齢者にぶつかり、被害者にも加害者にもなる。
  - ➡横断歩道を渡る時には、止まって左右を確認し、車等に気をつけて渡るよう指導を徹底する。高齢者などが歩いている場合は、相手の特性に配慮して、歩行するよう指導する。

⑩
- ❗手を車道側で振っているので、車などに接触し、負傷する可能性がある。
  - ➡車道に手や持ち物がはみ出さないようにし、車道とは逆の壁側を歩くよう指導する。

⑨
- ❗縁石に乗って遊んでいるため、バランスを崩した時や遊んでいる過程で車道に出てしまい、車や自転車にひかれる可能性がある。
  - ➡歩道ではなるべく車道とは逆の壁寄りを歩き、縁石の上には絶対に乗らないよう徹底する。

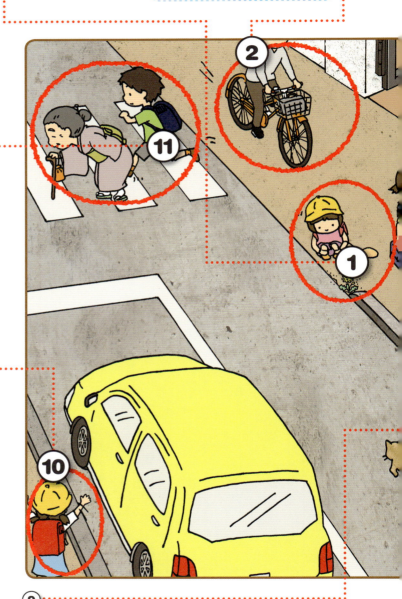

解説 事例1

事例1　登下校で

③
❗引っかかった帽子を木の枝でつついたり、フェンスをよじ登って取ろうとしているため、フェンスから落ちたり、フェンスの破損部分にひっかかり、負傷する。

➡フェンスには登らないように指導する。フェンスの点検を定期的に行い、必要な場合は早急に修繕する。また、高い場所に物がのってしまった時は、自分で対処せずに、まず教員や保護者に相談するよう指導する。

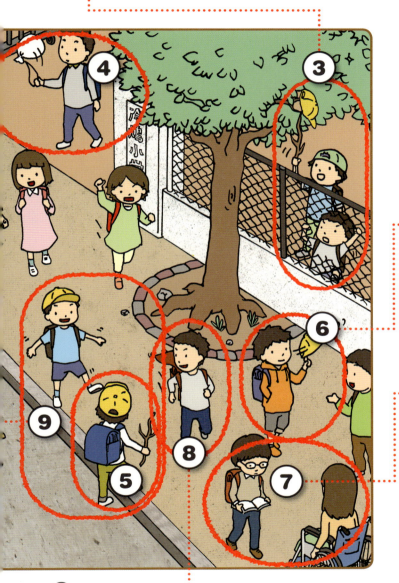

④⑤⑥
❗手に巾着や木の枝、帽子を持っているので、振り回した時などに他の歩行者にそれらが当たり負傷させる可能性がある。

➡登下校時は荷物は全てランドセルに入れ、原則として手には何も持たないよう指導する。

⑥
❗手をポケットに入れているので、転倒した時に、顔からぶつかりやすい。

➡ポケットは手を入れるためのものではないことを説明した上で、用途通りに使うことを徹底する。

⑦
❗本を読みながら歩いており、他の歩行者にぶつかったり障害物等に気付かず転倒しやすい。

➡歩くときには手に何も持たないようにし、足元や前をよく確認しながら歩くよう指導する。また、障害を持った方に配慮し、必要に応じて道を譲るなどするよう指導する。

⑧
❗ランドセルが開いているので、金具が他の歩行者に当たり負傷させる。また、しゃがんだ時にランドセルの中身が飛び出し、それを拾おうとした時に事故にあう。

➡ランドセルに荷物を入れたとき、金具が止まっているかを声を出して確認するよう指導する。

事例 2

休み時間の校庭で

大好きな休み時間。好奇心旺盛な子どもたちは、大人では考えられないような突拍子もない行動をとったり、スリルを求めて、自ら危険に挑むことさえあります。

ステップ 1　危険箇所に○をつけ、どんな事故が発生する可能性があるか、最悪の事態を想像してみましょう。

事例 2 休み時間の校庭で

ステップ 2 　事故を未然に防止するための対策を考えてみましょう。実現できそうな対策はもちろん、現状では難しそうな対策もあげてみることで、将来の対策につながる可能性があります。

① ❗むかでや毛虫に刺される。

➡校庭の樹木は計画的に剪定や消毒を行う。むかでや毛虫などのように毒を持つ虫には、触らないように指導する。

⑩ ❗逆上がり等をしている時に、鉄棒の近くを通った子どもとぶつかる可能性がある。

➡鉄棒の周りに子ども以外が入らないよう柵等を設ける。

⑨ ❗逆上がり補助器で遊んでおり、それを転倒させ、周りにいる子どもや本人が負傷する。補助器のステップ板が壊れており、それに引っかかり、鉄棒から転落する。

➡補助器は、逆上がりの練習以外で使うことのないよう徹底する。またステップ板が外れていないか、ボルトが緩んでいないか等の安全点検を定期的に行い、必要な場合は早急に修繕する。

⑧ ❗使っていないボールが転がっているため、気が付かずボールの上に乗る等して転倒しやすい。

➡ボールを使って遊んだ後は、他の遊びを行う前にボールを片付けるよう指導する。

⑦ ❗おしゃべりに気を取られており、他の子どもやボール等にぶつかる可能性がある。

➡校庭を横切らず、校庭の端を通るよう指導する。

事例 2

解説

事例 2 休み時間の校庭で

②
- ❗タイヤを横に跳んでいるため、着地点が定まらず、タイヤからずり落ちる。また、縦に跳んできた子どもとぶつかる。
- ➡タイヤは縦に跳ぶよう指導する。また、花壇から鉄棒の方向といった進む向きを決めて明示し、それを守らせる。

③
- ❗花壇に水やりをする時のホースが校庭側に出ているため、他の子どもがホースに引っかかり転倒する可能性がある。
- ➡水やりをする時は、校庭側にホースが来ないよう、ホースの位置を確かめてから行うよう指導する。また、水やりは、原則として昼休みではなく、朝休み（始業前）に行う。

④
- ❗ボール遊びをしている子どものボールが他の子どもに当たり負傷する。
- ➡ボール遊びを行うエリアやそこで遊ぶことのできるクラス割り等を決める。ボール遊びをする時は、ボールがエリアから出ないよう、他の子どもに当たらないように指導する。

⑤
- ❗サッカーゴールの枠等に体重をかけており、サッカーゴールが転倒して負傷する可能性がある。
- ➡サッカーゴールの枠やネットには触れないよう徹底する。サッカーゴールは一般的に安定感が乏しく強風などでも転倒し、子どもが下敷きになることがあるので十分な固定を行う。

⑥
- ❗一輪車に乗っている子どもが校庭に落ちている石に気が付かず、転倒し負傷する。
- ➡ボール遊びと同様、一輪車遊びを行うエリアやそこで遊ぶことのできるクラス割り等を決める。校庭の石は、教育活動の一環として定期的に拾うことを習慣化する。また、子どもに校庭内に石を持ち込まないよう指導する。

23

事例 3 そうじの時間

近年、清掃活動については、保護者から否定的な意見が寄せられることがあります。教育活動として実施する意味と学校の安全配慮義務を再確認しておきましょう。

ステップ1 危険箇所に○をつけ、どんな事故が発生する可能性があるか、最悪の事態を想像してみましょう。

事例3 そうじの時間

ステップ2 事故を未然に防止するための対策を考えてみましょう。実現できそうな対策はもちろん、現状では難しそうな対策もあげてみることで、将来の対策につながるかもしれません。

① ❗おしゃべりに気を取られているので、廊下に出る際、他の子どもや置かれているそうじ道具等にぶつかる。

➡ そうじの時間は、そうじに必要な内容しか話さないこと、話す時は作業をやめて立ち止まるよう指導する。

② ❗引き戸の端に手をかけているので、他の子どもが引き戸を動かした時等、引き戸が動いた時に指を挟む可能性がある。

➡ 引き戸の端に手をかけない。そうじの過程でどうしても引き戸の端に手をかける必要があるときは、教員に声をかけるよう指導する。

⑩ ❗ほうきを使って遊んでいるため、自分や他の子どもにほうきが当たることがある。

➡ ほうきなら「床を掃く」といったように、正しく道具を使い、他の用途には使用しないよう指導する（遊びには使わせない）。

⑨ ❗バケツの水が廊下にこぼれたままになっているので、気が付かずにそこを通った子どもが滑って転倒する可能性がある。

➡ バケツの水が外にこぼれたら直ぐに拭くよう指導する。また、バケツの水がこぼれていることに気が付いた人は係に関係なく直ぐに拭くよう徹底する。

解説

事例3

26

事例3 そうじの時間

③
❗階段から下の階をのぞき込んでおり、バランスを崩して転落することがある。

➡下の階に用があるときは、自らが下の階まで降りていくよう指導を徹底する。

④
❗虫に気を取られており、他の子どもにぶつかる。虫の種類によっては刺される可能性がある。

➡虫を見つけたら、触らずにそのままにするか、教員に報告するよう指導する。

⑤
❗大きなゴミ袋をもっているため、前が見えず、階段を踏み外す可能性がある。

➡大きな物を持つ時は、足元が見えるよう、複数名で持つよう徹底する。

⑥
❗上の階からぞうきんが落ちてきており、気が付かずに踏んで転倒することが多い。

➡階段付近のそうじをする際は、そうじ道具等が下の階に落ちないように、壁側に置くよう徹底する。

⑦
❗他の子ども（⑧）と逆方向に進んでいるので、衝突する可能性がある。

➡ぞうきん拭きを行う際、進む方向を定め、全員が同じ方向に向かって作業を進めるよう指導する。

⑧⑦
❗たて拭きは、つまずいた時や、手が滑った時等に、顔面を強打する可能性が高い。友達とスピードを競ったりすると一層負傷のリスクが高まる。

➡ぞうきんを使用しての床拭きは、横拭き（ワイパー拭き：イラストⒶ参照）に統一する。

事例 4 プール授業で

夏の風物詩ともいえるプールの授業。楽しみにしている子どもも多いことでしょう。しかし、「水の事故」では、命が危険に晒される可能性がたいへん高くなります。

ステップ1 危険箇所に○をつけ、どんな事故が発生する可能性があるか、最悪の事態を想像してみましょう。

事例4 プール授業で

ステップ2　事故を未然に防止するための対策を考えてみましょう。実現できそうな対策はもちろん、現状では難しそうな対策もあげてみることで、将来の対策につながる可能性があります。

⑩
❗プールサイドに寝そべっており、他の子どもがつまずいて負傷する。

➡プールサイドには原則として寝そべらないように注意する。また寝そべっている子どもを見かけたら、必ず教員に報告するように指導する。体調が悪い子どもとふざけている子どもの見分けが付かず、結果的に体調の悪い子どもへの対応が遅れることにもなりかねない。

①
❗プールサイドを走っており、滑って転倒し、自分が負傷したり、他の子どもにぶつかって負傷させる。耳の水ぬきをする際バランスをくずし転倒することがある。

➡プールサイドは歩いて移動するよう指導を徹底する。水ぬきをする時は、カベ等によりかかって行うように指導する。

⑨
❗バタ足の練習をしているそばで、他の子どもが歩いたり泳いだりしているので、足などがぶつかって他の子どもを負傷させる可能性がある。

➡プールの授業を行う際には、どこの場所で何人の子どもが何の練習をするかなど、綿密に計画を立てて練習を行う。また、ブロックを分ける時などは、コースロープで区切るなど子どもがすぐに分かる目印を設ける。

⑧
❗泳いでいるうちに斜めに進んでいるので、他の子どもにぶつかる。

➡十分な間隔を取って泳ぐように指示をしたり、プールをコースロープなどで区切る。

⑦
❗プールの中を横切っているので、潜水している子どもにぶつかる可能性がある。

➡プールで潜水する時には教員が立ち会い、異常が発生した際にはすぐに対応できる状況にしておく。

解説

事例4

30

事例 4 **プール授業で**

② ❗ビート板を抱えて水に潜っているので、突然ビート板と一緒に浮き上がり、他の子どもにぶつかる可能性がある。

➡ ビート板の使い方やルールを事前に子どもたちに指導し、徹底しておく。

③ ❗プールの階段付近で、男の子が相手の水着を引っ張っており、女の子が水のかけあいをするなどしているので、他の児童とぶつかったり、けんかが発生するかもしれない。

➡ 泳ぎ終わっているにもかかわらず、水の中で遊んでいる子どもには、泳ぎ終わったらすぐにプールサイドに上がるように指導する。また、コース当たりの水の中にいる子どもの人数を事前に決めておく。

④ ❗教員が打ち合わせに夢中になり、プールの中の子どもたちの監督ができていないので、子どもが溺れていても気が付かない。

➡ 教員はそれぞれの監督範囲や当日の指導内容を事前に打ち合わせておく。子どもが水の中に入っている時には、子どもの体調が急変した時に備え、子ども達から片時も目を離さず注視する。AEDやトランシーバーも準備しておく。

⑤ ❗水中めがねを振り回しており、それが他の子どもにぶつかって負傷させる可能性がある。また、他の子どもと逆回りで歩いているので他の子どもとぶつかりやすい。

➡ 水中めがねは、原則として頭にしっかり付けておくように指導する。また、衝突を防ぐため、プールサイドは右回りで歩くか左回りで歩くかルールを設けておく。

⑥ ❗飛び込み台に立っている子どもや飛び込もうとしている子どもがいるが、泳いでいる子どもとの距離が十分にとれておらず、飛び込んだ際にぶつかって負傷する。

➡ プールで水中にいる人数を決め、それが守られているか、教員が必ず監督する。また、「水中からのスタート」が原則であり、重大事故につながる浅いプールでの飛び込みは絶対に行わないように厳しく注意する。

事例 5

運動会で

学校の一大イベントである運動会。運動場に保護者や地域の人が集まり、いつも以上に活気があふれています。しかし、そんな時だからこそ油断は禁物です。

ステップ 1 危険箇所に○をつけ、どんな事故が発生する可能性があるか、最悪の事態を想像してみましょう。

事例 5 　**運動会で**

ステップ 2

事故を未然に防止するための対策を考えてみましょう。実現できそうな対策はもちろん、現状では難しそうな対策もあげてみることで、将来の対策につながるかもしれません。

①
❗子どもが、勝手に騎馬戦の練習をしているので、教員が落馬に備えることができず、子どもが負傷する。

➡競技中は、自分の席に座って応援させる。なお、騎馬戦の練習は、必ず教員の立ち会いの下で行うよう指導する。

⑫
❗水筒などが散乱しており、水筒やそのひもに引っかかり、子どもが転倒し負傷することがある。

➡水筒はひもを結んで椅子の下に置くなどのルールを子どもに徹底させる。

⑪
❗椅子越しに水筒を取ろうとしているため、椅子に引っかかり転倒する。

➡荷物を取る際には必ず椅子の前に回り込んで取るように指導を徹底する。

⑩
❗次の競技に出る子どもが騒がしく、いたずらやけんかにより、子どもが負傷するかもしれない。

➡次の競技に出る際は、整列して入場門に移動し、入場門では静かに待機するよう指導する。

②
❗石がグランドにあり、転んだ時などに負傷する可能性がある。

➡運動会の準備では、時間を設けて、グランドに石が落ちていないか確認する。石があった場合は、人の通らないところに移動する。

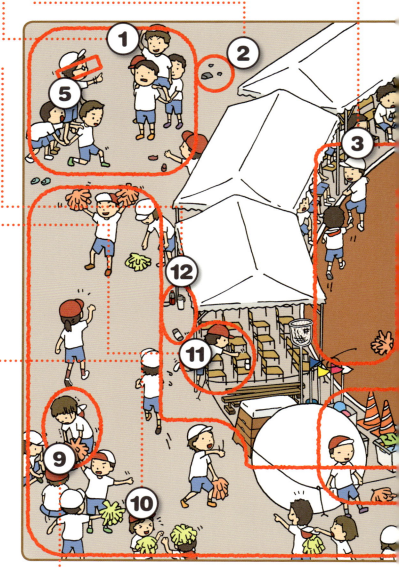

⑨
❗体調が優れない様子に見える。熱中症に罹患した場合等は、対処が遅れると死に至る可能性がある。

➡テントの外では帽子をかぶり、体調の優れない友達がいたらすぐに教員に知らせるよう指導する。

解説

事例5

事例 5 運動会で

③
❗子どもが競技場に入っており、競技者とぶつかる。帽子等が風で飛ばされており、競技の妨げになる。

➡競技場に入らないように指導する。飛びやすいものは水筒などと一緒に袋に入れて保管する。

④
❗テントの足に重り等がなく、テントが飛ばされる可能性がある。また、競技場に近く、観戦している子どもたちの足に競技者がひっかかる。

➡テントは必ず固定し、風などで飛ぶことがあることを念頭におくとともに、気象状況の確認を怠らない。テントは競技場から離しておく。

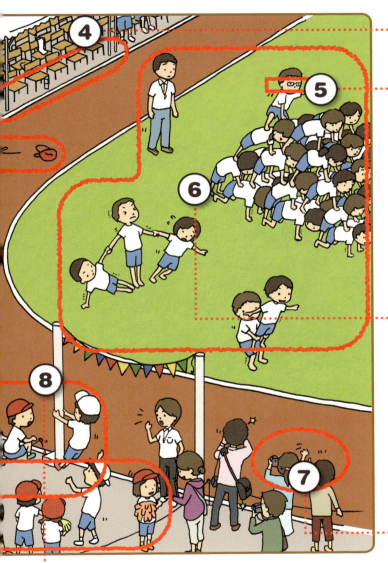

⑤
❗ピラミッドの上の段に上る子どもや騎馬に乗る子どもがめがねをしており、落下した時にめがねで負傷するかもしれない。

➡基本的に組み体操や騎馬戦では、めがねを外させる。子どもの状況を勘案し、めがねを使用させる場合には、騎馬に乗せないなどのルールを決めて、指導する。

⑥
❗教員の立ち位置が適当でない。組み体操でピラミッドが崩壊しかけたとしても教員は子どもをサポートすることはできず、子どもが負傷することになる。

➡補助者である教員の立ち位置を検討すると同時に、少なくともピラミッドについては全ての面に教員が付くようにする。

⑦
❗手を振って子どもを呼び、カメラを構える保護者に気を取られて子どもが転倒する可能性がある。

➡競技の難易度に合わせ、保護者の子どもへの呼びかけは自粛するよう事前に説明する。

⑧
❗入場門を引っ張ったり、ロープにもたれかかったりしており、ロープが切れたり、杭や入場門が抜けて、負傷することがある。

➡入場門やロープには触らないように指導をする。また杭については、強度の高い、抜けにくいものを選定・購入する。

設題で学ぶ
学校の
リスクマネジメント

実際の裁判で争われた複数の事例を元に「設題」を作りました。
一度起きた事故を元に戻すことはできません。
これから起こるかもしれない重大事故を防ぐことが演習を行う目的です。
解説を参考にしながら、学校として取り組むべきこと、
教員として取り組むべきことを考えましょう。

設題 1　課外活動中の落雷事故

状況説明

　A市立B小学校は、地域に根ざした学校教育を経営理念の柱とし、子どもの地域行事への参加等に積極的に取り組んでいる。中でも、5、6年生で編成する鼓笛隊は有名で、行事が催される度に参加要請が入るほどである。

　ある夏の日曜日、鼓笛隊は教頭と教員Cの引率の下、A市の商工会が主催するマーチングフェスティバルに参加した。中学生、高校生、社会人のチームに混じってパレードしている途中、遠くの空で稲光が見え始め、雷鳴が鳴り出し、上空に暗雲が立ち込めて暗くなり豪雨となったため、フェスティバル実行本部はパレードの一時中断を決めた。教頭とCは、児童らを雨宿りさせ、パレードの再開を待つことにした。

　20数分後、雨がやみ、上空の大部分は明るくなったため、実行本部はパレードの再開を決めた。再開の報を聞いた教頭も、南の上空には黒く固まった暗雲があり、わずかに雷鳴が聞こえ、雲の間で放電が起きてはいるものの、遠くの空で発生していると考え、雷雨は去ったと判断した。そこで、Cに指示し、児童らを屋外に整列させた。その直後、落雷があり最も近くにいた児童1人がその場に倒れ込んだ。児童は、救急車で搬送され、直ちに治療を受けたが、視力障害、下肢機能の全廃、上肢機能の著しい障害等の後遺障害が残った。

　なお、この頃、管区気象台から雷注意報が発令されていたが、教頭、Cはもちろん、フェスティバルの関係者もこの事実を知らなかった。また、教頭は、稲光の4、5秒後に雷の音が聞こえる状況では雷が近いが、それ以上間隔が空いているときには落雷の可能性はないと認識し、落雷事故の発生は全く考えていなかった。

問

以下の点について検討せよ。

1. 校外における児童の活動について、どのような点に注意すべきか。
2. A市立B小学校と教頭およびCが追及される可能性がある法的責任には、それぞれどのようなものが考えられるか。

- 刑事責任
- 民事責任
- 行政責任

解説 ❶　　　　　　　　　　課外活動中の落雷事故

授業時間外の校外における児童の活動

　授業時間外の校外における児童の活動といえども、教育活動の一環として行われる場合は、学校側に一定の責任が生じることになります。その典型としては、土日に校外で実施される部活動の試合などが挙げられます。

　この事例では、教頭や教員が鼓笛隊の児童らを引率し、マーチングフェスティバルに参加しています。教育活動の一環として鼓笛隊がパレードに参加していると見なされる可能性がありそうです。

　教員が引率している場合、児童らは引率教員の指導監督に従って行動することになります。そのため、引率教員はできる限り、児童らの「安全にかかわる事故の危険性を具体的に予見し、その予見に基づいて当該事故の発生を未然に防止する措置を執り」、児童を保護する義務があると考えられています。

裁判例から考える落雷事故

　課外活動中の落雷事故については、私立高校のサッカー部に所属する生徒が、試合中に落雷に遭い、重篤な後遺障害が残った事案があります（高松高等裁判所判決平成20年9月17日）。稲光から4、5秒以上間隔があいて雷の音が聞こえるという状況下では、落雷の可能性はほとんどないと教員は認識していました。それでも判決は、教員は生徒の安全を守るべき立場にあるとし、教員が落雷や避雷等の知識を有していなかったことに問題があるとしました。ここから、落雷に限らず、その他の自然災害等により子どもが危険にさらされた場合、教員は、「科学的知見」に従って対応することが不可欠とされる可能性が高いことが分かります。

　主催者が催しを再開させたとしても、引率教員の子どもを守る義務がなくなるわけではありません。子どもを引率する以上、教育の専門家として教員自身の判断が問われることになります。

● 文部科学省等からの通知

　繰り返される落雷事故を受け、文部科学省等からも毎年通知が出されています。（「落雷事故の防止について」平成28年7月15日）。学校にはさまざまな文書が届くので、その全てに目を通すことは容易なことではないでしょう。しかし、通知が発出されたにもかかわらず、その情報をフォローしていなかったならば、その時点で教員としての資質を問われる可能性があります。特に、子どもの安全に関わる通知については、必ず目を通し、疑問点などは、管理職に確認するなどして、自らの教育活動を見直す機会にするとよいでしょう。

　「落雷事故の防止について」では、雷鳴が少しでも聞こえれば、落雷を受ける危険性があると判断し、すぐに子どもたちを安全な場所（鉄筋コンクリートの建物、バスなどの内部）に避難させる必要があること等が記されています。また、屋外において教育活動を実施する際には、天候が急変することも視野に入れて、気象庁ホームページ「雷ナウキャスト」で、「雷注意報」および雷発生の可能性等について情報を収集することを求めています。子どもを指導監督する立場である以上、教員は、校種や担当教科にかかわらず、子どもの生命を危険にさらす落雷等に対しては、最新の科学的知見をもって対処することが求められていると言っても過言ではないでしょう。

● 引率教員の安全配慮

　この事例では、雷鳴が聞こえています。先の通知に従うならば、子どもをパレードに参加させれば落雷の危険にさらすことは明らかです。大会主催者がパレードを再開させたとしても、教員が子どもを安全な場所に避難させ、引率責任者（設題では教頭）がパレードに参加することができない旨を主催者に伝える必要があるでしょう。教員は、その言動が子どもの生命を左右しかねないということを常に心の片隅に留めておくべきと言えます。

　また、行事に参加する際には、雷鳴が聞こえているうちは、子ども達を避雷させるため、参加することができないこと等、天候に関することや、子どもの熱中症への対応など、事前に主催者と打ち合わせを行い、場合によっては学校が主催者にアドバイスをする必要もあるでしょう。

学校と引率教員の法的責任

　学校と引率教員に係る法的な責任としては、まず民事責任が考えられます。公立学校の場合は、国家賠償法 1 条の対象となり、「国又は公共団体が、これを賠償する責に任ずる」こととなっています。そのため民事事件は、最終的には学校設置者等の地方公共団体による賠償に落ちつくことになります。

　ただし、「故意又は重大な過失があつたときは、国又は公共団体は、その公務員に対して求償」することが認められています。従って、公立学校教員が、経済的負担を全く問われないというわけではありません。

　この事例では、児童には重い後遺障害が残ることになりました。治療費や介護費が必要になるのはもちろんのこと、労働することができなくなり、将来得るはずの経済的利益が得られなくなったことも考慮されます。そのため学校側はこれらの損害賠償を支払うよう求められる可能性が高いといえるでしょう。

　また、教員個人に対して、業務上過失致傷罪等の刑事責任が問われることがあります。過去には、熱中症への対処が遅れ、部活動中の生徒を死亡させたとし、引率教員に業務上過失致死罪の成立が認められた事案も存在しています（横浜地方裁判所川崎支部判決平成14年 9 月30日）。

　最後に、行政責任として、任命権者から地方公務員法29条 1 項による懲戒処分が教員に課せられる可能性があります。例えば、校長から雷鳴が聞こえた場合は、児童らを避雷させ、パレードへの参加を取りやめるよう職務命令が出されていたにもかかわらず、それに従わなかった場合等は、引率に当たっていた教員が懲戒処分を受けることがあり得るでしょう。

【参考資料】
文部科学省通知「落雷事故の防止について（依頼）」
　（平成28年 7 月25日付）⇒後掲71頁参照
文部科学省通知「熱中症事故の防止について（依頼）」
　（平成29年 5 月16日付）⇒後掲77頁参照
日本大気電気学会編「雷から身を守るには―安全対策Q＆A―改訂版」
　（平成13年 5 月 1 日発行）。

設題2 休み時間中の体育館使用と管理責任

状況説明

　A市立B小学校の第3学年に在籍していた児童C（女児）は、2校時と3校時の間の休み時間、折からの雨を避けて、体育館でソフトバレーボールをして遊んでいた。Cがボールを拾おうと前屈みになったところへ、バスケットボールで遊んでいた6年生が衝突した。その反動でCは、50～60センチメートル飛ばされ転倒し、体育館床面で頭部を強打した。

　Cは、事故直後、保健室において養護教諭から頭部を冷やす処置を受けた。報告を受けた担任のDは、少し痛みが治まってきたこと、本人が希望したことを考慮して、頭部を冷やす処置を続けながら授業を受けることを認めた。Cは、すべての授業を受けた後、徒歩で帰宅した。その際、Dは、連絡帳に事故の件を記載し経過観察を依頼するとともに、同夜、母親に電話を入れ直接の依頼も行った。

　だが、母親は、Cが元気に走り回っていたこともあり、学校側からの連絡を軽く考え、病院で診察を受けさせる等の行動を取らなかった。事故発生から1日たった翌日深夜、突如、容態が悪化し、緊急搬送先の病院で硬膜外血腫と意識障害の診断を受けた。Cは緊急手術を受け、半月入院することになった。Cは事故の結果、てんかん（複雑部分発作）と頭痛の後遺障害が残り、定期的に通院し投薬治療を受ける状態が続いている。

　なお、B小学校では、体育館の使用ルールを定めていた。しかし事故当時、児童のみで、登り棒、マット、跳び箱を使用することを禁止していたものの、ボール遊びについては特に禁止していなかった。

問

以下の点について検討せよ。

1. 雨の日の休み時間の体育館における児童の活動について、どのような点に注意すべきか。

2. A市立B小学校と教員DのCや保護者への対応について検討し、事故発生後の対応ではどのような点に留意すべきか検討せよ。

解説 ❷　　　休み時間中の体育館使用と管理責任

裁判例から考える体育館事故

　雨の日、休み時間に体育館内で自由に遊ぶことを許された児童が、遊んでいる最中に発生した事故についても、学校側の過失が認められています（甲府地方裁判所判決平成15年11月4日）。「授業時間内ではなく、2校時と3校時の間の休み時間における事故」であったものの、判決は、児童らは「休み時間内には、基本的には学校施設内にとどまるよう指導されていること、体育館という学校施設を利用中の事故であること、体育館内等に保管され、児童らの使用が許可されているボールを使用し、追いかけるなどして遊んでいる最中の事故」であることから、この事故は、「学校における教育活動と密接に関連する学校生活に関するものに当たる」としています。休み時間も学校や教職員の安全配慮義務が及ぶことに注意が必要です。

体育館の特殊性

　体育館には、マット、縄、跳び箱、ボール等の運動用具が保管されています。小学校1年生から6年生まで発達段階の異なる児童に、自由に体育館を使用させれば、不適切な用具の使用等により、児童の生命・身体が危険にさらされる可能性が高いといえます。この小学校においても、「事故当時、児童のみで、登り棒、マット、跳び箱を使用することを禁止」し、「舞台やそで、地下へ行ってはならない」としていました。言い換えれば学校は、体育館は「危険が大きいとの認識を有していた」といえます。

　また、休み時間の使用を禁止した用具であったとしても、子どものことですから、こっそり使用しようとすることは十分にあり得ます。万が一、それらの用具の管理に不備があった場合、知らずに使用した子どもが負傷する可能性があることは容易に理解できます。その意味でも、授業等で使用していない用具だとしても不具合が見つかった場合には、使用の禁止を改めて周知し、修理するなり撤去するなり、直ちに対処する必要があります。

この点について、国家賠償法は、「公の営造物の設置又は管理に瑕疵があつたために他人に損害を生じたときは、国又は公共団体は、これを賠償する責に任ずる」と規定しています（2条）。

 雨の日の体育館の利用

　このように、危険がたくさん潜む体育館ですが、天候に左右されずにボール遊びや鬼ごっこのできる場所であることは確かです。運動の好きな子どもにとっては、勉強の合間の安らぎの場所といえます。

　ましてや、雨の日は、校庭など外では遊ぶことができません。休み時間に体育館を開放していれば、運動したくてうずうずしている多くの子どもたちが体育館に集まってきます。子どもからすれば、ようやく得た思い切り身体を動かして遊べる場所です。ついつい遊びに夢中になり、周囲への配慮が欠けることも少なくないでしょう。その結果、雨の日の体育館では、晴れの日以上に衝突事故等が発生する可能性が高くなりがちです。教員であれば容易に予想できることであり、事故防止のための何らかの対処が必要となります。

 体育館でのルール

　教員が常に立ち会うことができれば、それに越したことはありません。しかし、教員には授業の準備等があり、毎日、休み時間の始まりから終わりまで、体育館で児童の遊戯や運動に立ち会うことは事実上不可能です。そのため、事故防止のために、例えば、時間帯または曜日によって使用してよい学年を定めたり、行ってよい遊戯・運動の種類あるいは体育館内で同時に使用してよいボールの個数を制限するなどのルール（約束）を定めることが考えられます。

　これらのルールは、教職員間で共有することはもちろん、児童や保護者に対しても、その趣旨等について説明し、指導を徹底する義務があると考えるべきでしょう。

　昼休み中は体育館への児童の出入りを禁止しているにもかかわらず、児童らが許可なく入り、そこで事故が生じた事案においては、監督義務違反等による損害賠償請求が退けられています（岐阜地方裁判所判決平成13年12月20日）。

教員の事後対応

　設題では、Cは保健室で養護教諭から処置を受けた後、授業を受け、徒歩で帰宅しています。教員Dは連絡帳で経過観察を依頼するとともに夜には母親に電話を入れています。しかしこの対応がトラブルにつながる可能性は否定できません。

　一緒に遊んでいた子どもから状況を聞けば、児童Cが頭部を強打していることは把握することができます。この状況で事故時の情報を収集できるのは、担任教員のみといえます。

　そもそも子どもが自分の陥った状況を的確に養護教諭に伝えることができたかどうかは不安の残るところです。頭部を強打したことを把握した段階で、直ちに、養護教諭に伝え、病院で受診させるべきと考えられます。養護教諭と担任教員では判断がつかない場合は、すぐに校長や教頭等に相談する必要があるでしょう。

病院への同行

　児童は小学校3年生です。病院で医師らに事故の詳細を自ら説明することが困難なことは明らかです。保護者も事故の場面に居合わせていたわけではありませんので、子どもから聞く情報以外に事故当時の状況を把握する手立てを持ち合わせていません。他の子ども等から情報を得て状況を把握している養護教諭や教員が受診に立ち会うことが必須といえます。

　また、設題のように一人で帰宅させるなど論外です。頭部を強打した場合は、すぐに症状が出ないこともあるので、その後24時間は特に注意が必要だとされています。徒歩で帰宅している途中で、容体が急変すれば、死に至る可能性があったことを見逃してはいけません。

　帰宅中の事故に関連しては、そばアレルギーの児童が給食でそばを食べたため早退させたところ、下校時に、アレルギーによる強度の喘息発作が起こり、死亡した事案が存在しています（札幌地方裁判所判決平成4年3月30日）。判決は、下校時には教員や学校職員を「同伴させる等の措置を取るべき注意義務が存在した」として学校側の責任を認めました。

　救急搬送までは必要ないと判断した場合であっても、保護者と連絡をとり、子どもを迎えに来てもらい、「教員が同行するのですぐに病院で受診するよう」伝える必要があるといえるでしょう。

設題 3 昼休み中の校庭事故

状況説明

　A市立B小学校の2年生であったCは、昼休み中に校庭で友達と「ドロケイ」（鬼ごっこ）をして遊んでいた。そこに一輪車に乗った児童Dが後方から衝突し、Cは前方に倒れ込み傷害を負うこととなった。

　B小学校は、昼休み中、当番制で常時校庭1人、校舎内2人の教員が安全指導に当たり、児童等の遊びの状況を監視、監督する監護当番制度をとっていた。監護当番は、毎週金曜日の朝会終了後、児童の学校生活の状況に加えて問題となるようなことや危ない遊びをしていないか等、その週の児童の生活の様子について翌週の週番に引き継ぎ、また、翌週の月曜日の朝会では、全教職員に、その内容を周知させていた。各教員は、それを受けて各学級で安全に関する指導を行い、また、全校集会で週の生活目標と注意事項について児童に一斉指導をしていた。

　事故当日の校庭の監護担当教員は、引き継ぎで注意喚起されていたアスレチックとジャンボ滑り台付近で遊ぶ児童らの安全に配慮するため、その付近に立って児童等の様子を観察していた。そのため事故発生とCが転倒したことには気がつかなかった。

　なお、B小学校では、昼休み中は自由に一輪車を使用することができた。またB小学校の生活指導部は、児童の安全を確保する方策の一つとして「生活指導のきまり」を作成していた。「生活指導のきまり」では一輪車は校庭の隅に設置してある鉄棒付近がゾーンと決められていた。ただし、この「きまり」は、B小学校の教職員内部における取り決めであり、児童には口頭で伝えられていたものの、保護者には周知されてはいなかった。また、ゾーンを示す目印も存在しなかった。

問

以下の点について検討せよ。

1. 休み時間の校庭における児童の活動について、どのような点に留意し、児童らに指導をするべきか。

2. A市立B小学校は安全配慮義務を尽くしたということができるか。どこが評価でき、どこを改善するべきか具体的に説明せよ。

解説 ❸　　　　　　　　　昼休み中の校庭事故

● 休み時間における児童の活動

　教員は、「正当な理由のない限り、その授業中教室に在席して児童らの動静を把握・監督し、その安全を確保するよう注意すべき義務」があるとされています（大阪地方裁判所判決平成13年10月31日）。一方、子どもたちが学校に登校してから下校するまでの全ての時間にわたり、教員が子どもたちの活動を監督することは、教職員定数などから考えても現実的ではありません。特に、休み時間は、教員が授業の準備や打ち合わせのために、子どもたちのそばを離れることがあり得ます。

　しかし、休み時間といえども学校の管理下であることには違いありません。そのため、教員は、「学校における教育活動によって生ずるおそれのある危険から児童、生徒の生命及び身体の安全に配慮する義務」を負っており、「昼休みの休憩時間においても、それが小学校におけるその後の教育活動等が予定されている時間帯であって、小学校における教育活動と質的、時間的に密接な関連性を有しているものである以上」、教育活動と同様の義務を負うべきであるとされています（東京地方裁判所判決平成17年9月28日）。

　休み時間は、授業中と異なり、教員の目が届きづらいことは子どもたちも承知しています。子どもは、いたずら好きで好奇心旺盛のため、教員の目を盗んで羽目を外すことも少なくないでしょう。教員の目が届かず、子どもたちも気の緩む傾向にある休み時間ですから、負傷事故が多いのも、ある意味では当然といえます。

● 裁判例から考える一輪車事故

　昼休みに校庭で遊んでいたところ、一輪車に乗っていた児童に衝突されて傷害を負った事案（東京地方裁判所判決平成17年9月28日）では、学校側は必要な安全配慮義務を尽くしていたとはいえないと判断されました。まず、判決は、一輪車の有する性質及び危険性や校庭における児童らの混在状況等から一輪車に乗車した児童が他の児童と衝突するなどして、傷害を負わせる危険性を十分予見し得たとしています。

　一輪車は、平成元年に改正された『学習指導要領』で体育に取り入れられたこと

を受け、多くの小学校に導入されていきました。『小学校学習指導要領解説』(平成20年)においても「用具に乗るなどの動きで構成される運動」の一つとして一輪車が挙げられています。そのため、休み時間に一輪車を使用することを許可している学校は今も存在します。しかし、一輪車は、初心者が高等な技術を行ったり、決められたルールを守らない乗車を行った場合には事故が生じる可能性があります。また、「児童らが、一輪車の乗車に神経を集中した場合、運動視野が極めて狭くなり」ます。これらの点を考慮し判決は、自由に練習させることは避け、運転技術の違いによって練習場所を分けることを検討すべきと指摘しました。

● 校庭での遊びのルール

校庭の混在状況や一輪車の使用状況、児童の自主性の尊重、一輪車及び昼休みの休憩時間の遊びの教育上の効用を考慮すると、学校は、「一輪車の乗車を含め、校庭で行われる遊びの場所の範囲を明確に特定し、また、各種遊びの範囲内での遊びのルールを取り決め、特定された遊びの範囲及び遊びのルールにつき、児童らの年齢に応じた適切な指導を行い、それらを児童に認識、理解させるという措置をまず講じるべき」といえそうです。「それにより児童がルールを理解して自主的に範囲を守って遊びをするのであれば、およそ混在を避けられるか、混在が緩和され、事故を回避することができる」可能性があるからです。

従って、学校側が「これらの措置を講じ尽くしている場合には、それでもなお混在状況が改善されず、衝突の具体的危険があることを認識している場合でない限り」、「結果回避義務違反がないとするのが相当」といえます。しかし、設題の学校では、遊びはゾーンで分けることは「生活指導のきまり」に記載していたものの、児童らに口頭で指導がなされたのみで、ゾーンを示す目印などはありませんでした。また、担任教員は各学級で一輪車の乗車に関する指導は行っていたものの、昼休みの校庭での一輪車の乗車に関する注意事項や走行に関するルールは定められていませんでした。

● 休み時間の監護当番制度

B小学校では、昼休みの休憩時間中、教員が当番制で常時校庭に立ち、児童らの遊びの状態を監視、監督しています。このような監護当番については、判決も一定の

効用があることを認めています。しかし、配置された教員が1人だけでは、十分な指導を行うことは難しいのが実情です。そのため判決は、突発的に生じた事故にも事後対応しかとれないことなどを考慮すると、監護当番制度をとっていることをもって安全義務が尽くされているということはできないとしました。

教員の安全義務

この事例において、監護担当教員は、引き継ぎで注意が必要とされていたアスレチックとジャンボ滑り台付近に立っていました。このこと自体に問題があるわけではありません。しかし、「一輪車」という、危険度の高いものを子どもに自由に利用させていたことに問題があります。遊びの危険度が高くなるに伴い、事故が発生する可能性が高まるため、教員であれば事故を予見することは難しいことではありません。事故を予見できたのであれば、当然、対策が求められます。

逆にいえば、まず、校庭で休み時間に子どもが自由に利用することのできる遊具等の危険度を把握する必要があるといえます。その上で、危険度に応じ使用方法等のルールを定め、子どもにルールが定着するよう学級担任等が指導を行うことになります。

なお、教職員間で一定のルールを作成していたとしても、それらを子どもや保護者に周知していなければ意味がありません。むしろ周知の不足が、学校の対応の不備を強調することになりかねないという点に留意する必要があるでしょう。

学校と教員の法的責任

この設題では負傷の程度は分かりません。しかし、入院費や治療費がかかっているとすれば、児童らからそれを請求される可能性があります。もしも、独立行政法人日本スポーツ振興センターの災害共済給付制度に加入しており、一定の条件を満たせば、給付金が支払われることになります。

また、事故によりショックを受け、それにより登校にも消極的になるなど、学校生活に影響が生じたとすると、慰謝料の支払いを請求されることもあり得るでしょう。

設題4 発達障害児と水泳訓練中の事故

状況説明

　Aは、B県立C特別支援学校中等部の2学年の生徒である。言葉の発達が遅れているということで、3歳頃から児童相談所に通い、5歳頃に自閉症との診断を受け、その後、事故当時までD大学医学部付属病院精神科外来で指導を受けていた。

　C特別支援学校は、全生徒を対象に体育授業の一環として、同校のプール（長さ25メートル、幅13メートル、水深約1メートル）において、年間20回前後、水泳訓練を実施してきた。今年度も中等部会において、①水中で自己の安全を確保し、水に慣れるとともに、能力に適した課題をもって、クロール、平泳ぎ、逆飛び込みなどの技能を養い、続けて長く泳げるようにすること、②プールの使用規則を守ること、清潔に注意することなどの水泳の心得を理解させ、日常生活に生かすことができるようにすることを目的に、水泳訓練を行う計画を立てていた。

　水泳訓練は、泳力が未確認な1年生全員及び25メートルを自泳できない2、3年生については生徒1人に教員1人がマンツーマン方式で個別指導に当たり、25メートルを自泳できる生徒は9～12人の生徒を2～5人の教員が集団で指導した。

　中等部生徒に対する10回目の水泳訓練を行った際、25メートルを自泳できないAは、教員Eによるマンツーマン方式の指導の下、午前10時50分ころから約10分間と、午前11時30分ころから約15分間の2回、プールに入った。2回目の指導が終わりに近づいた午前11時45分ころ、Aは水を吸引して意識不明となり、救急車でB県立病院へ搬送され、手当てを受けた。しかし意識は戻らず、同日午後7時11分、死亡が確認された。死因は溺死である。

問

以下の点について検討せよ。

　特別支援教育の対象となる児童・生徒に対して水泳訓練を実施する場合、どのような点に注意すべきか。計画立案段階、実施段階に分けて検討せよ。

 解　説 ❹　　　　　　　発達障害児と水泳訓練中の事故

 裁判例から考える水泳訓練

　日本の義務教育では、体育の授業として、水泳が取り入れられています。水泳中の事故は、子どもの命を脅かしかねない重大な事故に発展しかねません。実際、旧養護学校で体育授業の一環として行われた水泳訓練中に生徒が溺死した事故において、教員に過失があったとし、学校側が損害賠償責任を負うべきとされた事案が存在しています（東京高等裁判所判決平成6年11月29日）。

　水泳訓練では、ヘルパーを使用して浮けるようにすること等を目標にしており、生徒にヘルパーを装着させていました。ヘルパーを装着させる以上、教員には、「正しい数量及び方法でヘルパーを装着し、安全な水泳指導を行うべき注意義務」があったはずです。しかし、訓練を行っているうちに、生徒の胸部のヘルパーが背部へ回り、呼吸確保の目的を果たさなくなっていました。

　にもかかわらず、教員は、足をつかせないようにすることを重視するあまり、下半身の状態にだけ注目し、呼吸が確保されているかどうかの確認をしていませんでした。その結果、生徒は鼻口部が水没した状態で呼吸をし、呼吸器内に水を吸引して呼吸困難となり、痙攣を起こしたのです。生徒は教員の手に強くしがみつき、教員は生徒の上体を水から出すことができませんでした。生徒がぐったりとなってからも、教員は気が動転し、気道確保等の措置をしないまま、プールの端まで独力で運び、生徒をプールサイドに上げました。また、教員は、発作を起こしたのではないかと考え、その後も保温のためのマッサージにのみ専念し、人工呼吸等の措置はしていません。

　これに対し、判決は、生徒の「呼吸状態に留意しなかったばかりでなく」、「痙攣を起こした後も直ちに適切な蘇生措置を講じなかった」と教員の対応を糾弾しています。

水泳の危険

　そもそも、水泳の授業では、「児童の生命・身体に対する危険を包含」しており、「やや解放的になる児童の心理状況をも考慮し、クラス全体の児童の動静を絶えず

確認し、安全確保のために十分な配慮を行うことが要請」されます（松山地方裁判所判決平成11年8月27日）。また、教員であれば、経験から水泳の授業等に内包されたリスクについては容易に想像できるはずです。そのため、水泳の授業を実施する際には、普段の授業以上に綿密な計画を練ることと思います。しかし、旧養護学校の事案からは、教員が水泳の危険性をどれぐらい理解し、どのような配慮をしていたのかが全く見えてきません。教育成果に気をとられ、子どもの生命を守るという最も重要なことがおろそかになっていたのではないでしょうか。

　他にも、水泳では飛び込みによる事故も後を絶ちません。現在、小学校では、飛び込みは行わず、水中スタートが原則となっています。それでも、好奇心旺盛な子どものことですから、勝手に飛び込むことも予想できます。他の児童の指導に注意を奪われ、児童の飛び込み等の危険な行動を看過し、それにより事故が発生すれば、指導に当たっていた教員の責任が問われることになるでしょう。また、泳ぎの上手な子どもであっても、体調の急変等により、突然、溺れることもあり得ないわけではありません。教員は、子どもが水中にある間は集中し、絶えず子ども達の動静に目を配る必要があります。

　しかし、教員も人間である以上、体調上のトラブルも発生するでしょうし、集中力が途切れる可能性もあります。危険度の高い授業においては、複数の視点からチェックできる体制を構築する必要があります。例えば、水泳の授業をする場合、担任教員はもちろん、別の教員がプラスアルファで、プール全体の監視に入ることを徹底する等です。現状の教員数では、難しいこととは思いますが、子どもの生命に関わることですから、学校設置者に対し予算措置などを求めていく必要があるでしょう。

● 子どもの特性

　今回の設題は、自閉症の生徒です。教員とのコミュニケーションが上手く図れないばかりか、時にはパニックになることもあり得ます。だからこそ教育の専門家として教員には、子どもの特性をふまえた上で、適切な支援を行うことが求められます。そして、パニックを起こした場合等を想定し、万が一に備えておく必要があるはずです。

　他にも、自閉症の障害を有する児童が、「そんなに入っていたかったら入っていなさい」と叱責され、倉庫の扉を閉められたことから、窓から外に出ようとして負

傷した事案があります（東京地方裁判所八王子支部判決平成20年5月29日）。これに対し、判決は、児童が「理解できない場面においてパニックを起こしてしまうこと」等から、担任教員は「自閉症の特徴である危険認知能力や判断が乏しい面があることを少なからず認識していたというべきである」としています。その上で、担任教員の言動により、児童に不安や混乱が生じて、児童が倉庫の窓から「外へ出ることは十分予見可能であった」と結論づけました。障害を有していればもちろんのこと、教員は子ども一人ひとりの特性を把握し、その特性ごとに事前に危険を予見し対応することが必要だということです。

　学校において重大事故が発生する確率は必ずしも高いものではありません。しかし、確実に一定の割合で大きな事故が発生しています。これらは教員のちょっとした不注意や勘違いでも起こり得るのであり、決して人ごとではないのです。「子どもの特性を把握する」。これが特別支援教育における危機管理の出発点です。

 教員による救急救命

　もちろん、どんなに備えを万全にしていたとしても、突然、水中で子どもが痙攣等を起こせば、気が動転することもあるでしょう。それでも、教員の言動が子どもの生命を救いもすれば絶ちもするという現実を再確認し、AEDの使用方法など、救急救命に関する一定の知識を有しておく必要があります。ましてや、救急救命に関する講習会などを軽んじるなど論外です。

　2012（平成24）年4月から、研修を受けた介護職員等は一定の条件の下にたんの吸引等の医療的ケアができるようになりました。これを受け、特別支援学校の教員も、医療的ケアを実施することが制度上可能となっています。とはいえ、教員は医師や看護師等のような医療従事者ではありません。教員として、その行為は、「義務」なのか、「義務」ではないが「できること」なのか、「できないこと」なのか、本来事前に一つひとつ吟味する必要があるといえるでしょう。教員が好意で行ったことだとしても、それが原因となり、子どもを危険にさらすことがあるという点は常に心の片隅に置いておく必要があるのではないでしょうか。

設題 5 発達障害を有する児童のいじめ

状況説明

　Aは、B市立C小学校の3年生児童である。発達障害（ADHD）の傾向を有しており、他の子どもをからかったり、ちょっかいを出したりすることが多く、また時には粗暴な振る舞いをすることがあった。そのため、度々、クラスメートがアザ等をつくり、苦情が寄せられ、担任はその都度、Aの保護者と話をしている。しかし、保護者は、Aは親愛の情を示しているだけで、個性として受け止めて欲しいと繰り返すばかりであった。

　10月10日、1時間目終了後、教員Dが図書室の前を通りかかったところ、Aが、同じクラスの児童Eをからかっているところを見つけた。Eから、4月以降、いつも同様の行為を受けて迷惑をしているとの訴えを聞いていたDは、Aを制止し、「このようなことをしてはいけない」と注意した。

　10月11日、Eの保護者から担任に電話があり、Aの行為はいじめに該当すると思われるので、きちんと対処して欲しい旨の申し出を受けた。保護者によれば、EがAに会うことを嫌い、登校を渋るそぶりを見せているという。

　担任教員がEから事情を聞いたところ、Eは、Aの行為に苦痛を感じているとのことであった。そこで、担任教員は、管理職も交え、Aの保護者と話し合いの場を設け、日頃の状況とともに、今回の訴えについて説明した。

　これに対し、Aの保護者は、「Aを差別するのか」と激怒し、Aの個性をまわりの生徒が受け容れるのが当然ではないかと主張して譲らない。折しも、障害者差別解消法が施行されたこともあり、C小学校の教員は頭を悩ませている。

問

以下の点について検討せよ。

1. AのEに対する行為は、いじめと認めて対応するべきか。
2. Aの保護者の主張をどのように考えるべきか。
3. 危険な行動を繰り返す、Aに対してどのような方針で指導を行うべきか。

解説 ❺　　　　発達障害を有する児童のいじめ

🔵 裁判から考える児童間トラブル

　児童は、被害者にも加害者にもなる可能性があります。実際、多動障害のある児童が、教室のベランダに置いてあった傘立てを階下の校庭に向けて投げ落とし、それが校庭で遊ぶ児童の頭部に直撃した事例があります（前橋地方裁判所平成14年6月12日）。この事例では教員の監視義務・安全配慮義務違反（国家賠償法1条1項）や、多動障害のある児童の保護者の監督義務違反（民法714条又は709条）が争われました。

🔵 保護者の監督義務

　保護者の監督義務について、判決は、「小学校入学当初から多動障害が見られ、粗暴な行動にしばしば及ぶことがあったことに照らすと」、児童は「事故の責任を弁識するに足りる能力（責任弁識能力）を備えていなかったと認めるべき」としています。その結果、保護者らは、法定監督義務者として児童の「生活関係全般につき監督義務を負い、監督義務を怠らなかったことを主張立証しない限り」、事故により生じた損害賠償義務を免れないとされています。

　設題の保護者は、わが子が粗暴な振る舞いをし、クラスメートがアザ等を作ることがあることを、担任の教員から繰り返し連絡を受けています。それにもかかわらず、Aは「親愛の情を示しているだけで、個性として受け止めて欲しい」と要求するばかりで、格別の保護監督の措置をとった形跡はみられません。この点がまず問題になりそうです。

🔵 教員間における情報の共有

　設題では、被害児童の保護者からの電話を受けて、担任教員は児童から事情を聴くなどの対応をしています。ただ、その1日前に他の教員がAが被害児童をからかっているところを見つけ、その場でAに対し注意をした場面が気になります。注意した教員は、事の経緯を直ちに担任教員に伝えるべきではなかったでしょうか。

また、担任教員は、Aの粗暴な振る舞いによりトラブルが発生していることを、以前から認識しています。学年会やいじめ防止対策推進法に基づく校内委員会に対して、Aの問題行動を報告し、他の教員に対し、Aの言動で気になることがあれば、その場で指導をしてもらうと同時に、担任教員に一報を入れてもらうよう事前に依頼しておく必要があったはずです。

 学校の組織的対応

　近年、中央教育審議会などにおいて、「チームとしての学校」の重要性が指摘されています（「チームとしての学校の在り方と今後の改善方策について（答申）」平成27年12月21日）。そもそも学校では「体系的な教育が組織的に行われなければなら」ず（教育基本法6条2項）、特に、いじめについては、学校や教職員は、「学校全体でいじめの防止及び早期発見に取り組むとともに」、「児童等がいじめを受けていると思われるときは、適切かつ迅速にこれに対処」することが求められています（いじめ防止対策推進法8条）。特別な支援を要する子どもへの対応も例外ではありません。

　この点、設題では、Aは特別な支援を要する子どもであり、以前から粗暴な言動がみられます。にもかかわらず、Eの保護者からいじめに該当するのではないかとの電話がかかってくるまで、この案件に関わっていたのは担任教員だけのようです。

　本来であれば、特別な支援を要する子どもへの指導は、スクール・リーダーである校長や特別支援教育コーディネーター、スクール・カウンセラーが児童相談所等と連携しつつ、学校組織として対応する体制が確立していなければならないはずです。しかし、Aやその保護者に対する指導や対応は担任教員任せになっています。この点は学校経営上の問題といえるでしょう。

 「いじめ」への対応

　では、Aの行為はいじめに当たると考えるべきなのでしょうか。いじめ防止対策推進法に則って対応するならば、まず被害者であるEの気持ちに寄り添う必要があります。そして、加害行為が行われていることを勘案すれば、学校として最優先すべきは、「いじめ」は存在すると考え、被害者を守ることになるでしょう。

　今回の場合は、いじめの問題と特別な支援を要する子どもへの対応の問題とが入

り組んでいるので、単独で生じている場合よりも、事態はより複雑です。いじめの問題が解決したあかつきには、次の段階として、被害児童やその保護者が、発達障害の傾向を有する児童に対しての偏見や誤解を持つことがないよう指導することも念頭に置いておく必要があります。

 障害者差別解消法

　2016（平成28）年4月、「障害を理由とする差別の解消の推進に関する法律」（障害者差別解消法）が施行されました。この法律は、行政機関や事業者に対して、障害を理由とする「不当な差別的取扱い」を禁止するとともに、障害者の参画を阻む「社会的障壁」を除去するための「合理的配慮」を行うことを求めています。しかし、クラスメートにはこの義務が存在しないことに注意する必要があります。

 学校における「合理的配慮」

　では、合理的配慮とは何でしょうか。2012（平成24）年に中央教育審議会初等中等教育分科会が出した「共生社会の形成に向けたインクルーシブ教育システム構築のための特別支援教育の推進」では、「障害のある子どもが、他の子どもと平等に「教育を受ける権利」を享有・行使することを確保するために、学校の設置者及び学校が必要かつ適当な変更・調整を行うことであり、障害のある子どもに対し、その状況に応じて、学校教育を受ける場合に個別に必要とされるもの」であり、「学校の設置者及び学校に対して、体制面、財政面において、均衡を失した又は過度の負担を課さないもの」と定義しています。

　ただ、学校における合理的配慮と、障害を有する児童の加害行為を放任することは別問題です。ノーマライゼーションの理念からすれば、障害者も健常者も、全ての児童らがその権利を守られなくてはならないはずです。

　Aの権利と同様にEの権利も保障することを前提に、Aの保護者を交えて話し合い、Aが他の児童と共に学ぶことができるようにするためには、どうしたらいいのかを具体的に検討していくことが求められます。

4

残された課題
資料（関係法令・通知）

残された課題
危機管理マニュアルの再検討

　本書では、「教育効果」と「事故リスク」のバランスという観点から、危機管理の手法を考えてきました。
　その際、教育内容の特性等を多面的に分析し、子どもの状況等も勘案した上で、学校、教員が主体的に教育内容の可否を決定していく姿勢が重要となるでしょう。

　しかし、どのように安全対策を講じたとしても、また、教員がどのように注意を払ったとしても、事故のリスクをゼロにすることはできません。
　例えば、体育の授業を考えてみましょう。ある裁判例は、体育の授業は、積極的で活発な活動を通じて心身の調和的発達を図るという教育効果を実現するものであり、授業内容それ自体に必然的に危険性を内包していると指摘しています（名古屋地方裁判所判決平成21年12月25日）。
　この指摘からも理解可能なように、学校教育それ自体が一定の危険を含んでいます。子どもの笑顔を守るために、学校、教員は、この残された課題と向き合う必要があります。発生した危機にどう対処するのか。「クライシス・マネジメント」と呼ばれる分野です。

　クライシス・マネジメントについては、多様な考え方があります。ここでは、学校、教員に求められる最低限の義務として、危機管理マニュアルの整備について触れておくことにします。
　この点について、学校保健安全法は、「危険等発生時対処要領」として、その整備を求めています。「学校においては、児童生徒等の安全の確保を図るため、当該学校の実情に応じて、危険等発生時において当該学校の職員がとるべき措置の具体的内容及び手順を定めた対処要領（次項において「危険等発生時対処要領」という。）を作成するものとする」という規定です（29条1項）。

　文部科学省の調査によれば、2014（平成26）年3月末の時点で、全国の小中高等学校、中等教育学校、特別支援学校及び幼稚園の95.5％が、危機管理マニュアルを既に整備していることが明らかになっています（学校健康教育行政の推進に関する取組状況調査）。
　学校種別に見ると、小学校では99.7％、中学校では98.9％、高等学校では96.3％、中等教育学校が96.0％、特別支援学校では99.3％、幼稚園が84.7％

となっています。

　ここで気になるのは、危機管理マニュアルが整備されていない、残り4.5%の学校です。毎日のように学校の事故、事件がマスメディアを賑わしている中、いまだにクライシス・マネジメントへの関心が低い学校が残っていることを、全ての教育関係者が、自らの問題として反省する必要があるでしょう。

　では、整備済みの学校はどうでしょうか。学校現場で三つの課題が浮上しています。

● 周知徹底

　まず、危機管理マニュアルの周知徹底が図られていないのではないかという懸念です。
　この点は、多くの犠牲者を出した東日本大震災を契機に注目を集めることになりました。その典型が、「日和幼稚園スクールバス事故訴訟」です（仙台地方裁判所判決平成25年9月17日）。日和幼稚園の「危機管理マニュアル」では、大地震発生時には幼稚園において園児を保護者の出迎えを待って引き渡す旨が定められていました。にもかかわらず、園長は、マニュアルに反し、スクールバスに乗せ園児を送り出し、津波に巻き込まれています。
　「危機管理マニュアルの手順とは違っている」、教職員のこの一言があれば、状況は変わっていたかもしれません。なぜ、他の教職員は、園長の判断に異議を唱えなかったのでしょうか。それは、スクールバスの運転手をはじめとして教職員のほとんどが、「危機管理マニュアル」の存在を知らず、幼稚園において園児を保護者に引き渡すという取り扱いが定められていたことを理解していなかったからだと言われています。
　この「危機管理マニュアル」の周知不足は、日和幼稚園に限った問題ではありません。2015（平成27）年8月、筆者が関東近県の小中学校で教務主任、生徒指導主事等を務める、ミドルリーダー311名を対象に行った調査では、2015（平成27）年度に入ってから「危機管理マニュアル」に目を通した教員は約15%に過ぎません。この数字を見る限り、「危機管理マニュアル」が配布されていたとしても、一度も開かないまま年度を終える教員はかなりの割合に達す

るものと推測できます。

まだ「危機管理マニュアル」を策定していない4.5％の学校設置者の責任が厳しく問われる必要があることはもちろんです。しかし、たとえ「危機管理マニュアル」が策定されていたとしても、教員に対する周知徹底、そして「危機管理マニュアル」に目を通そうとする意識をどうやって育てていくかが、今後の大きな課題といえるでしょう。

● 手順の遵守

第二の課題として、「危機管理マニュアル」で定められた手順を守ることが挙げられます。東日本大震災の際には、日和幼稚園のほかにも自校の「危機管理マニュアル」の手順を無視した学校が存在したことが明らかになっています。

例えば、東松島市立野蒜(のびる)小学校もその一つです（仙台地方裁判所判決平成28年3月24日）。下校後、地震に遭い学校へ避難してきた児童の引き渡しについて、危機管理マニュアルが定める引き取り責任者ではない住民に引き渡し、帰宅後、児童が津波に遭遇し死亡した事案です。遺族は、校長が「危機管理マニュアル」で定めた手続きに違反して子どもを引き渡した結果、学校よりも海側にある自宅で津波に遭遇することになったとし、学校の設置者を相手として損害賠償の支払いを求める訴訟を提起しています。

これに対し、判決は「危機管理マニュアル」が定める災害時児童引取責任者の制度は、災害時の児童の安全確保を第一の目的とし、児童の安全確保に責任を持てる者への確実な引き渡しを実現するための制度と位置付けています。そして、災害発生後に児童が避難してきた場合、たとえ一旦下校した児童であったとしても保護者の保護下にない状況であれば、児童の安全を確認できない限り、災害時児童引取責任者以外の者に引き渡してはならない義務を負っていたとしています。

「危機管理マニュアル」は、東日本大震災のような大規模自然災害の際にこそ、その効果を発揮します。従って、学校、教員は、原則として「危機管理マニュアル」が定める手順に沿って行動するべきと考えられます。もちろん、臨機応変の行動が求められる場合があります。ただ、その場合には、変更の結果、どのようなリスクが生じるのかを十分に吟味し、決断することが求められます。しかもこれはあくまでも例外的な措置です。原則と例外が入れ替わるようなこ

とがあっては、「災害時児童引取責任者」、ひいては「危機管理マニュアル」を定める意味はないといえるでしょう。

● 危機管理マニュアルの改訂

　第三に、「危機管理マニュアル」の改訂です。学校や子どもを取り巻く環境は常に変化しています。それに応じてリスクもまた変わっていきます。伝統や慣習を根拠にただ漫然と続けていくのではなく、現状に合わせ、その都度、「危機管理マニュアル」の見直しを図っていく必要があるといえます。

　近年、学校経営の分野において、PDCAサイクルの重要性が指摘されています。PLAN（計画）→ DO（実行）→ CHECK（評価）→ ACTION（改善）の四つの局面を繰り返すことによって、継続的改善を図るという考え方です。

　危機管理に引き寄せて考えると、まず、想像できる限り、不測の事態を考え尽くし、「危機管理マニュアル」を策定します。この「危機管理マニュアル」を実際に運用し、その状況を精査し、問題点を抽出します。そして、この問題状況を踏まえて、「危機管理マニュアル」の改善を図るという流れになります。

　この点、2015（平成27）年3月、文部科学省は、「学校安全に関する更なる取組の推進について（依頼）」と題する文書を発出しています（平成27年3月31日付け26ス学健第87号）。この文書は、児童・生徒への安全教育や学校の安全管理等の充実を促していますが、学校安全計画の策定や通学路安全マップの作成などとともに、「学校安全計画及び危険等発生時対処要領（危機管理マニュアル）の定期的又は必要に応じた検証」に言及していることにも目を向けるべきでしょう。

　また、危機管理マニュアルの検証を通じて、職員の間に共通理解が生まれるという副次的効果も期待できます。見直し作業を通じて、教員に対して危機管理マニュアルの周知徹底を図り、危機管理マニュアルに目を通そうとする意識を養うという側面です。学校保健安全法は、危機管理マニュアルについて、「当該学校の実情に応じて」作成することを求めています（29条1項）。この点を根拠として、危機管理マニュアルについて、毎年、定期的な見直し作業を進めていくべきと考えられます。

　（本章はJSPS科研費25381094の助成を受けたものです）

1. 関係法令

日本国憲法

第17条　何人も、公務員の不法行為により、損害を受けたときは、法律の定めるところにより、国又は公共団体に、その賠償を求めることができる。

国家賠償法（昭和22年法律第125号）

第1条　国又は公共団体の公権力の行使に当る公務員が、その職務を行うについて、故意又は過失によつて違法に他人に損害を加えたときは、国又は公共団体が、これを賠償する責に任ずる。

2　前項の場合において、公務員に故意又は重大な過失があつたときは、国又は公共団体は、その公務員に対して求償権を有する。

第2条　道路、河川その他の公の営造物の設置又は管理に瑕疵があつたために他人に損害を生じたときは、国又は公共団体は、これを賠償する責に任ずる。

2　前項の場合において、他に損害の原因について責に任ずべき者があるときは、国又は公共団体は、これに対して求償権を有する。

第6条　この法律は、外国人が被害者である場合には、相互の保証があるときに限り、これを適用する。

民法（明治29年法律第89号）

（債務不履行による損害賠償）

第415条　債務者がその債務の本旨に従った履行をしないときは、債権者は、これによって生じた損害の賠償を請求することができる。債務者の責めに帰すべき事由によって履行をすることができなくなったときも、同様とする。

（過失相殺）

第418条　債務の不履行に関して債権者に過失があったときは、裁判所は、これを考慮して、損害賠償の責任及びその額を定める。

（不法行為による損害賠償）

第709条　故意又は過失によって他人の権利又は法律上保護される利益を侵害した者は、これによって生じた損害を賠償する責任を負う。

（使用者等の責任）
第715条　ある事業のために他人を使用する者は、被用者がその事業の執行について第三者に加えた損害を賠償する責任を負う。ただし、使用者が被用者の選任及びその事業の監督について相当の注意をしたとき、又は相当の注意をしても損害が生ずべきであったときは、この限りでない。
2　使用者に代わって事業を監督する者も、前項の責任を負う。
3　前2項の規定は、使用者又は監督者から被用者に対する求償権の行使を妨げない。
（損害賠償の方法及び過失相殺）
第722条　第417条の規定は、不法行為による損害賠償について準用する。
2　被害者に過失があったときは、裁判所は、これを考慮して、損害賠償の額を定めることができる。

刑法（明治40年法律第45号）

（業務上過失致死傷等）
第211条　業務上必要な注意を怠り、よって人を死傷させた者は、五年以下の懲役若しくは禁錮又は百万円以下の罰金に処する。重大な過失により人を死傷させた者も、同様とする。

自動車の運転により人を死傷させる行為等の処罰に関する法律

第5条　自動車の運転上必要な注意を怠り、よって人を死傷させた者は、七年以下の懲役若しくは禁錮又は百万円以下の罰金に処する。ただし、その傷害が軽いときは、情状により、その刑を免除することができる。

地方公務員法（昭和25年法律第261号）

（懲戒）
第29条　職員が次の各号の一に該当する場合においては、これに対し懲戒処分として戒告、減給、停職又は免職の処分をすることができる。
（1）　この法律若しくは第57条に規定する特例を定めた法律又はこれに基く条例、地方公共団体の規則若しくは地方公共団体の機関の定める規程に違反した場合
（2）　職務上の義務に違反し、又は職務を怠つた場合
（3）　全体の奉仕者たるにふさわしくない非行のあつた場合
2～4〔略〕

独立行政法人日本スポーツ振興センター法施行令（平成15年政令第369号）

（学校の管理下における災害の範囲）

第5条第2項　〔略〕「学校の管理下」とは、次に掲げる場合をいう。

（1）児童生徒等が、法令の規定により学校が編成した教育課程に基づく授業を受けている場合

（2）児童生徒等が学校の教育計画に基づいて行われる課外指導を受けている場合

（3）前二号に掲げる場合のほか、児童生徒等が休憩時間中に学校にある場合その他校長の指示又は承認に基づいて学校にある場合

（4）児童生徒等が通常の経路及び方法により通学する場合

（5）前各号に掲げる場合のほか、これらの場合に準ずる場合として文部科学省令で定める場合

独立行政法人日本スポーツ振興センターに関する省令（平成15年文部科学省令第51号）

（令第5条第2項第5号の文部科学省令で定める場合）

第26条　令第5条第2項第5号の文部科学省令で定める場合は、次に掲げる場合とする。

（1）学校の寄宿舎に居住する児童生徒等が、当該寄宿舎にあるとき。

（2）児童生徒等が、学校以外の場所であって令第5条第2項第1号の授業若しくは同項第2号の課外指導が行われる場所（当該場所以外の場所において集合し、又は解散するときは、その場所を含む。）又は前号に規定する寄宿舎と住居との間を、合理的な経路及び方法により往復するとき。

（3）〔略〕

2. 通知

学校における転落事故等の防止について【依頼】（平成22年4月15日付 22ス学健第1号）

　　　　　附属学校を置く各国立大学法人総務担当理事　殿
　　　　　各国公私立高等専門学校担当課長　殿
　　　　　各都道府県私立学校主管課長　殿
　　　　　各都道府県教育委員会施設主管課長　殿
　　　　　各指定都市教育委員会施設主管課長　殿
　　　　　各都道府県教育委員会学校安全主管課長　殿
　　　　　各指定都市教育委員会学校安全主管課長　殿
　　　　　小中高等学校を設置する各学校設置会社の学校担当事務局長　殿

　　　　　　　　　　　　　　　　文部科学省スポーツ・青少年局学校健康教育課長
　　　　　　　　　　　　　　　　　　　　　　　　　　松川　憲行

　　　　　　　　　　　　　　　　大臣官房文教施設企画部施設企画課長
　　　　　　　　　　　　　　　　　　　　　　　　　　長坂　潤一

　学校における転落事故の防止については、「学校における転落事故等の防止について」（平成20年6月20日 20ス学健第16号）、「学校保健法等の一部を改正する法律の公布について」（平成20年7月9日 20文科ス第522号）、「学校における転落事故防止の留意点について」（平成20年8月29日 20ス学健第25号）、リーフレット「学校における転落事故防止のために」（平成20年8月）等を踏まえ、かねて特段の配慮をお願いしているところですが、遺憾ながら去る4月8日に、鹿児島県霧島市の小学校において、児童が天窓から落下する事故が発生しました。
　事故の原因については、現在究明中ですが、学校現場においての安全管理を徹底し、同様の事故の再発を防止するため、下記の点に留意し、取り急ぎ学校における安全点検の実施をお願いするとともに、転落事故防止にかかる教職員の意識向上等を改めてお願いします。その際、本件の重要性を学校現場と十分に共有し、適切に対応するよう徹底してください。

記

1. 学校の施設・設備については、「「生きる力」をはぐくむ学校での安全教育」（平成14年2月）や「学校施設における事故防止の留意点について」（平成21年3月）、学校施設整備指針等を参考としつつ、各学校で定められている「学校安全計画」等に基づいて安全点検を実施し、危険箇所が発見された場合には早急に改善の措置を講じる等、安全管理の徹底を図ること。
   その際、天窓については、児童生徒等の多様な行動に対し十分な安全性の確保が重要であり、「学校施設における事故防止の留意点について」（平成21年3月）において、以下の通り示していることに留意すること。
   ○児童生徒等の近づく可能性のある場所に設置された天窓は、天窓の構造や設置状況等を把握した上で、周囲に防護柵を設置することや内側に落下防護ネットを設置すること等、安全な構造とすることが重要である。また、天窓の周辺に植栽を設置する等、天窓に近づきにくい状況を作ることも有効である。
   ○通常、児童生徒等が近づく可能性の低い場所に設置された天窓についても、児童生徒等の多様な行動を踏まえ、適切な安全対策を講じることが重要である。
2. 天窓については、人の体重を支える強度がないとするメーカーが多く、児童生徒等が乗ることのないよう適切な安全管理を行う必要がある。児童生徒等が天窓に近づく可能性がある学校においては、天窓の危険性等について、児童生徒等に理解させ、天窓の上に絶対に乗らないよう周知徹底するとともに、天窓の設置された屋上を使用しない場合には屋上出入口の施錠を行う、児童生徒が天窓の近くで活動する場合には、事前に危険性について点検を行い、危険が認められれば使用せず、また、危険が認められない場合にも、活動の際には教職員が適切に見守る等、十分な安全管理を行うこと。
3. 各教科、特別活動等を通じて、児童生徒等に対して、危険を予測し、回避する能力を身につけさせる安全教育を充実させること。
4. 独立行政法人日本スポーツ振興センターの提供する事故情報（「学校の管理下の死亡・障害事例と事故防止の留意点」）等を適宜活用しつつ、学校において発生している事故の実態を踏まえ、適切な対応をとること。
5. 学校の教職員が学校安全について共通理解を図るとともに、学校安全に関する取組がすべての教職員の連携協力により学校全体として行われることが必要であることを踏まえ、リーフレット「学校における転落事故防止のために」（平成20年8月）、小学校教職員向け学校安全資料DVD「子どもを事件・事故災害から守るためにできることは」（平成21年3月）等を学校内の研修会で活用するなど、学校安全に関する教職員の資質向上に努める等の組織的な学校安全対策を講じること。

なお、各都道府県教育委員会施設主管課及び学校安全主管課においては、域内の市区町村教育委員会に対し、各都道府県私立学校主管課においては、所管の私立学校等に対してもその趣旨を徹底させるようお取り計らい願います。

熱中症事故の防止について【依頼】（平成30年5月15日付 30初健食第4号）

　　　　各都道府県・指定都市教育委員会学校安全主管課長　殿
　　　　各都道府県・指定都市民生主管課長　殿
　　　　各都道府県私立学校主管課長　殿
　　　　各国公私立大学担当課長　殿
　　　　各国公私立高等専門学校担当課長　殿
　　　　構造改革特別区域法第12条第1項の認定を
　　　　　受けた各地方公共団体の学校設置会社担当課長　殿
　　　　大学を設置する各学校設置会社担当課長　殿
　　　　各都道府県・指定都市・中核市認定こども園主管課長　殿

　　　　　　　　　　　　　　　文部科学省初等中等教育局健康教育・食育課長
　　　　　　　　　　　　　　　　　　　三谷　卓也

　熱中症事故の防止については、例年、各学校において御対応いただいていますが、別紙1（略）のとおり、依然として学校の管理下における熱中症事故は発生しており、生徒が死亡する事案も生じています。

　熱中症は、活動前に適切な水分補給を行うとともに、必要に応じて水分や塩分の補給ができる環境を整え、活動中や終了後にも適宜補給を行うこと等の適切な措置を講ずれば十分防ぐことが可能です。また、熱中症の疑いのある症状が見られた場合には、早期に水分・塩分補給、体温の冷却、病院への搬送等適切な処置を行うことが必要です。

　学校の管理下における熱中症事故は、ほとんどが体育・スポーツ活動によるものですが、運動部活動以外の部活動や、屋内での授業中においても発生しており、また、暑くなり始めや急に暑くなる日等の体がまだ暑さに慣れていない時期、それほど高くない気温（25～30℃）でも湿度等その他の条件により発生していることを踏まえ、教育課程内外を問わずこの時期から熱中症事故の防止のための適切な措置を講ずるようお願いします。

　また、政府においては、平成25年度から、熱中症搬送者数や死亡者数の急増する7月を「熱中症予防強化月間」と定め、国民や関係機関への周知等を強化して、熱中症の発生を大幅に減らすよう熱中症予防の取組を推進している他、各省庁も連携して熱中症の予防を推進しています。また、環境省では一般参加が可能な取組として、平成30年6月3日から4日にかけて、「熱中症対策シンポジウム」（別紙2　略）を開催するとともに、平成30年度は4月20日から9月28日まで熱中症予防サイトにおいて暑さ指数を情報提供（別紙3　略）しています。

　各教育委員会等におかれては、「学校における体育活動中の事故防止のための映像資料」（平成26年3月文部科学省）、「『体育活動における熱中症予防』調査研究報告書」

（平成26年3月独立行政法人日本スポーツ振興センター）及び「熱中症環境保健マニュアル2018」（平成30年3月改訂環境省）、上記の暑さ指数を参考として、関係者に対して熱中症事故防止に必要な事項の理解を徹底されるとともに、「熱中症予防強化月間」についても、その趣旨を踏まえて熱中症予防に取り組むようお願いします。

　なお、都道府県教育委員会においては、域内の市区町村教育委員会及び所管の学校（大学を除く）に対し、都道府県私立学校主管課においては、所轄の私立学校等に対し、構造改革特別区域法第12条第1項の認定を受けた地方公共団体の学校設置会社担当課においては、所轄の学校設置会社の設置する学校に対し、都道府県認定こども園主管課においては、域内の市区町村認定こども園主管課及び所轄の認定こども園に対しても周知するようお取り計らい願います。

【参考資料】

- 環境省熱中症予防情報サイト
  （印刷して利用できる普及啓発資料の他、熱中症対策の情報が充実しています。）
- 学校における体育活動中の事故防止のための映像資料（DVD）（平成26年3月　文部科学省）
- 「体育活動における熱中症予防」調査研究報告書
  （平成26年3月　独立行政法人日本スポーツ振興センター）
- 「熱中症を予防しよう―知って防ごう熱中症―」（パンフレット）
  （平成26年3月　独立行政法人日本スポーツ振興センター）
- 「熱中症環境保健マニュアル2018」（平成30年3月改訂　環境省）
- 学校防災のための参考資料「生きる力」を育む防災教育の展開
  （平成25年3月改訂　文部科学省）
- 小学校教職員用研修資料（DVD）「子どもを事件・事故災害から守るためにできることは」
  （平成21年3月　文部科学省）
- 中学校・高等学校教職員用研修資料（DVD）
  「生徒を事件・事故災害から守るためにできることは」（平成22年3月　文部科学省）
- 別紙1～3　略

落雷事故の防止について【依頼】（平成30年7月20日付 30初健食第15号）

　　　　各都道府県・指定都市教育委員会学校安全主管課長　殿
　　　　各都道府県私立学校主管課長　殿
　　　　各国公私立大学担当課長　殿
　　　　各公私立短期大学担当課長　殿
　　　　各国公私立高等専門学校事務局長　殿
　　　　構造改革特別区域法第12条第1項の認定を
　　　　　　受けた地方公共団体の学校設置会社担当課長　殿
　　　　大学を設置する各学校設置会社担当課長　殿
　　　　各都道府県専修学校各種学校主管課長　殿
　　　　各都道府県教育委員会専修学校各種学校主管課長　殿
　　　　附属学校及び専修学校を置く各国公立大学法人担当課長　殿
　　　　厚生労働省医政局医療経営支援課長　殿
　　　　厚生労働省社会・援護局障害保健福祉部企画課長　殿
　　　　各都道府県・指定都市・中核市認定こども園主管課長　殿

　　　　　　　　　　　　　　　　　　　　　文部科学省初等中等教育局健康教育・食育課長
　　　　　　　　　　　　　　　　　　　　　　　　　　　　　　三谷　卓也

　落雷事故の防止については、これまでも各学校において適切に御対応いただいているところです。落雷事故は年間を通じて発生する可能性があり、これまでも校舎外での学校行事実施中などの学校の管理下において落雷事故が発生している状況（別添参照）にあることから、「学校の危機管理マニュアル作成の手引」（文部科学省　平成30年2月初版）及び学校防災のための参考資料「『生きる力』を育む防災教育の展開」（文部科学省　平成25年3月改訂）等の資料を参照いただくほか、下記の点に留意し、落雷事故防止のための適切な措置を講ずるようお願いします。

1　屋外での体育活動をはじめとする教育活動においては、指導者は、落雷の危険性を認識し、事前に天気予報を確認するとともに、天候の急変などの場合にはためらうことなく計画の変更・中止等の適切な措置を講ずること。

2　落雷に対する安全対策に関する科学的知見（日本大気電気学会編「雷から身を守るには―安全対策Q&A―改訂版」（平成13年5月1日発行））によれば、厚い黒雲が頭上に広がったら、雷雲の接近を意識する必要があること。雷鳴はかすかでも危険信号であり、雷鳴が聞こえるときは、落雷を受ける危険性があるため、すぐに安全な場所（鉄筋コンクリートの建物、自動車、バス、列車等の内部）

に避難する必要があること。また、人体は同じ高さの金属像と同様に落雷を誘因するものであり、たとえ身体に付けた金属を外したり、ゴム長靴やレインコート等の絶縁物を身に着けていても、落雷を阻止する効果はないこと。

　また、気象庁ホームページにおいて、「雷注意報」の発表状況や、実際にどこで雷発生の可能性が高まる予測となっているのかを地図上で確認できる「雷ナウキャスト」（レーダー・ナウキャスト(降水・雷・竜巻)：全国 雷ナウキャストとは）などの情報が掲載されていますので、これらの情報も御活用ください。

　なお、各都道府県教育委員会学校安全主管課にあっては域内の市町村教育委員会及び所管の学校に対して、各都道府県私立学校主管課にあっては、所轄の私立学校に対して、都道府県専修学校各種学校主管課及び都道府県教育委員会専修学校各種主管課にあっては、所管又は所轄の専修学校及び各種学校に対して、附属学校及び専修学校を置く各国公立大学法人担当課にあっては、管下の附属学校及び専修学校に対して、厚生労働省の専修学校主管課にあっては、所管の専修学校に対して、都道府県認定こども園主管課においては、域内の市区町村認定こども園主管課及び所轄のこども園に対しても周知いただくようお願いします。

【参考資料】

- 学校の危機管理マニュアル作成の手引（平成30年2月初版　文部科学省）
- 「生きる力」を育む防災教育の展開（平成25年3月改訂　文部科学省）
- 小学校教職員用研修資料（DVD）「子どもを事件・事故災害から守るためにできることは」
  （平成21年3月　文部科学省）
- 中学校・高等学校教職員用研修資料（DVD）
  「生徒を事件・事故災害から守るためにできることは」（平成22年3月　文部科学省）
- 小学生用（低学年・高学年）防災教育教材（CD）「災害から命を守るために」
  （平成20年3月　文部科学省）
- 中学生用防災教育教材(DVD)「災害から命を守るために　～防災教育教材（中学生用）～」
  （平成21年3月　文部科学省）
- 高校生用防災教育教材(DVD)「災害から命を守るために　～防災教育教材（高校生用）～」
  （平成22年3月　文部科学省）
- 「雷から身を守るには―安全対策Q&A―改訂版」（平成13年5月　日本大気電気学会）
- 防災啓発ビデオ「急な大雨・雷・竜巻から身を守ろう！」（平成25年4月　気象庁）

別添　小・中・高等学校の学校管理下で近年発生した落雷による死亡・障害事故

[26年度給付]
被災生徒：高等学校2年生男子
死亡障害種：電撃死
〈体育的部活動：野球〉
　練習試合を実施していた。午後の開始早々に雨が降り、約20分後、雨も上がり雲も切れてきて青空も見えてきたので、公式審判員と両校の監督とで、試合を続投することになった。マウンドに本生徒が立ち、ボールを投げ、キャッチャーから返球されたその時、突然雷が本生徒の頭に落ち倒れた。救急車の手配、心臓マッサージ、AED等の救急処置を続け、その後ドクターヘリで病院に搬送され、措置を受けたが同日死亡した。
　※「学校事故事例検索データベース」〈独立行政法人日本スポーツ振興センター〉より

[18年度給付]
被災生徒：高等学校2年生男子
死亡障害種：下肢切断・機能障害
〈学校行事：運動会・体育祭〉
　体育祭の午後からの応援合戦中、本生徒がスタンドで応援していた際、近くで落雷があった瞬間、足から下半身にしびれが走った。
　※「学校事故事例検索データベース」(独立行政法人日本スポーツ振興センター)より

[15年度給付]
被災児童：小学校4年生男子
死亡障害種：電撃死
〈登下校中：下校中（徒歩）〉
　雨が降り、遠雷の音が聞こえていたが、本児童が下校を始めた午後2時頃は雨も降っておらず雷の音も聞こえなかった。その後、また雷の音が聞こえ始めた。本児童は1人で下校中、雷が鳴り出したので、とっさに雷を避けようと農道に入り、持っていた金属製の水筒に落雷し、倒れたものと思われる。後ろから下校していた他の児童が助けを求め、救急車で病院へ搬送されたが死亡した。
　※「学校の管理下の死亡・障害事例と事故防止の留意点〈平成16年版〉」に掲載

水泳等の事故防止について【通知】（平成30年4月27日　30ス庁第89号）

　　　　各都道府県教育委員会教育長　殿
　　　　各指定都市教育委員会教育長　殿
　　　　各都道府県知事　殿
　　　　各指定都市市長　殿
　　　　附属学校を置く各国立大学法人学長　殿
　　　　各国公私立高等専門学校長　殿
　　　　独立行政法人国立高等専門学校機構理事長　殿
　　　　構造改革特別区域法第12条第1項の認定を受けた各地方公共団体の長　殿

　　　　　　　　　　　　　　　　　　　　　　　　　　　　スポーツ庁次長
　　　　　　　　　　　　　　　　　　　　　　　　　　　　今里　讓

　標記については、例年関係方面の御協力をいただいているところでありますが、海や河川における水難事故及びプールでの水泳事故等により依然として多くの犠牲者が出ております（別添1、2　略）。
　ついては、今夏における水泳等の事故防止のため、関係機関・団体と密接な協力の下、下記事項及び「プールの安全標準指針」（平成19年3月文部科学省・国土交通省策定）（別添3　略）を参考として、地域の実情に即した適切な措置を徹底するとともに、衛生管理についても十分御配意願います。
　また、プールの利用が増加する夏季を前に、所管のプールの施設・設備について、安全点検及び確認を徹底していただきますようお願いします。仮に、施設・設備に不備があることが判明した場合には、安全確保のための措置が講じられるまでの間は、当該プールの使用を中止するようお願いします。
　これらの事故防止のための安全確保が図られるよう、都道府県・指定都市及び都道府県・指定都市教育委員会におかれては、関連する部局・課に周知の上、必要に応じて連携するとともに、都道府県及び都道府県教育委員会におかれては、市区町村及び市区町村教育委員会に通知する際に、市区町村の関連各課にも周知が徹底するよう御配意願います。
　なお、学校における対応については、上記対応に併せて、別紙「学校における児童・生徒等に対する指導等について」にも留意されるとともに、都道府県・指定都市教育委員会教育長におかれては、所管の学校及び市区町村教育委員会に対して、都道府県知事におかれては、所轄の学校法人及び学校設置会社に対して、株式会社立学校を認定した地方公共団体の長におかれては、認可した学校に対して周知されるようお取り計らい願います。

記

1. プールの施設面、管理・運営面について

（1） プールの利用期間前に、排（環）水口の蓋の設置の有無を確認し、蓋がない場合及び固定されていない場合は、早急にネジ・ボルト等で固定するなどの改善を図るほか、排（環）水口の吸い込み防止金具についても丈夫な格子金具とするなどの措置をし、いたずらなどで簡単に取り外しができない構造とすること。また、屋内プールにあっては、吊り天井の脱落防止のための点検を行う等の安全対策を講ずること。

（2） プールを安全に利用できるよう、救命具の設置や、プールサイド等での事故防止対策を行うとともに、適切かつ円滑な安全管理を行うための管理体制を整えること。
　監視員については、プール全体がくまなく監視できるよう十分な数を配置し、救護員についても、緊急時に速やかな対応が可能となる数を確保すること。

（3） プール施設の管理は利用者の命を守る重要な任務であることを踏まえ、安全管理に携わる全ての従事者に対し、プールの構造設備及び維持管理、事故防止対策、事故発生等緊急時の措置と救護等に関し、就業前に十分な教育及び訓練を行うこと。
　また、使用期間中に新たに雇用した従事者に対しても、就業前に同様の教育、訓練を行うこと。

2. その他の留意事項について

（1） 集団で水泳を行う場合には、引率者や指導者の責任分担を明確にして、指導・監督が周知されるようにすること。また、班の編成に当たっては、引率者の指導・監督が全員に行き届く程度の人数に編成すること。

（2） 海、河川、用水路、湖沼池、プールなどの水難事故発生のおそれのある場所については、必要に応じて防護柵、蓋、危険表示の掲示板や標識の整備、監視員の配備、巡回指導の周知など、市町村、警察署、消防署、海上保安部署、保健所等との協力により点検等を行い、事故防止のため万全の安全確保措置を講ずること。
　なお、幼児の水難事故も多く発生しているので、前記の事故防止措置については、幼児の行動にも配慮した万全のものとするとともに、保護者が監督を怠ることがないように、広報等によってこの趣旨の周知を図ること。

（３）　水泳場を利用する場合、その選定に当たっては、保健所その他の関係諸機関の協力を得て、農薬、油、工場廃液、その他浮遊物等による水の汚染状況、水底の状態、潮流などを必ず事前に調査して適切な場所を選定すること。また、水泳区域標識、監視所、救命用具など事故防止のための施設・設備等を確認するとともに、救急体制を確立するよう配慮すること。

別紙1　学校における児童・生徒等に対する指導等について

1.　　学校における水泳指導に際しては、「学校における水泳事故防止必携（2018年改訂版）」（平成30年3月独立行政法人日本スポーツ振興センター）https://www.jpnsport.go.jp/anzen/Portals/0/anzen/anzen_school/suiei2018/suiei2018_0.pdf、「水泳指導の手引（三訂版）」（平成26年3月文部科学省）http://www.mext.go.jp/a_menu/sports/jyujitsu/1348589.htm、「学校における体育活動中の事故防止のための映像資料」（平成26年3月文部科学省）https://www.youtube.com/watch?v=0j-Dry4xcQ8&list=PLGpGsGZ3lmbBZpfblZpdamkuUGAZsFHsX及び「水泳の事故防止〜プールへの飛び込み事故を中心に〜」（平成28年3月独立行政法人日本スポーツ振興センター）https://www.youtube.com/watch?v=MiyTSzNboTAも参考に安全管理、安全指導等に当たること。

　　また、飛び込みによるスタート時に、深く入水し、水底に頭部を打ちつけて死亡等の事故が起きている中、安全に十分配慮した指導を行うこと。学習指導要領においては、小・中学校及び高等学校入学年次の授業では、飛び込みによるスタート指導は行わず、水中からのスタートを指導することしていることを踏まえること。

　　なお、水泳部の活動及び高等学校入年次以降で飛込みによるスタートを行う際には、飛び込みによるスタートが安全に行えるプールであること、安全に指導できる教師又は外部指導者が立ち会い、直接指導すること、生徒の技能の程度を適切に判断することといった、十分な安全確保が必要であること。

> 【参考】新高等学校習指導要領（平成30年3月30日告示）においては、「泳法との関連において水中からのスタート及びターンを取り上げること。なお、入学年次の次の年次以降は、安全を十分に確保した上で、学校や生徒の実態に応じて、段階的な指導ができること。」と明記している。

【近年の重大事故の例】

校種	事故の状況
高等学校	教員がスタート位置から１ｍ離れたプールサイドで、足元から高さ約２ｍの水面上にデッキブラシの柄を水面に平行に掲げ、生徒に柄を越えて飛び込むよう指示。生徒は指示通り飛び込み、プールの底に頭部を強打した。救急搬送され、頸椎骨折、頸髄損傷と診断された。
小学校	郡民体育大会及び小学校体育連盟主催の水泳大会に出場予定候補選手を対象とした放課後の水泳練習において、飛び込みを行った際、水面にフラフープを浮かべ目標を定め実施した。その状況の中、児童がフラフープをめがけ飛び込み、プールの底に頭頂部をぶつけた。その後、頸椎捻挫と診断され数か月通院。

別紙２　スタートの指導での留意点

【危険なスタート】略

　　　また、監視体制が十分でなかったことを要因として児童が死亡した事例、一定の技能を身に付けている児童・生徒がスタート時の重大事故に遭った事例、入水の際、無理な息こらえや必要以上に深呼吸を繰り返し行わせたことなどによる重大事故事例も報告されているので十分注意すること。
　　　特に小学校低学年においては、水に十分に慣れていない児童もいることから、安全な水遊びの授業が行われるよう、十分な監視及び指導体制の確保と緊急時への備えが行われるようにすること。

2　児童・生徒の水難事故が特に学校の夏季休業に入った直後に多発する傾向にあるので、学校においては、体の調子を確かめてから泳ぐ、プールなどの水泳場での注意事項を守って泳ぐなどといった水泳の事故防止に関する心得を十分指導し、PTAなどを通じて家庭にも指導の趣旨を周知するよう配慮すること。

3　児童・生徒が個人やグループで水泳や水遊びに出かけるときには、必ず保護者や水泳の熟練者と同行するよう指導するとともに、事前に行き先、帰宅の予定日時、同行者等を家庭に知らせること。

4　児童・生徒の発達段階に応じて、海水浴・水泳等に関する事故の危険を予見し、自ら回避できるよう学校、家庭、地域において適切に指導するなど安全指導の充実に努めること。

5　幼稚園等については、本通知のほか、「教育・保育施設等における事故防止及び事故発生時の対応のためのガイドライン【事故防止のための取組み】」（平成28年3月http://www8.cao.go.jp/shoushi/shinseido/meeting/kyouiku_

hoiku/pdf/guideline1.pdf）や、「教育・保育施設等におけるプール活動・水遊びに関する実態調査」（平成30年4月24日消費者安全調査委員会http://www.caa.go.jp/policies/council/csic/report/report_003/）も踏まえ、一層の安全対策に取り組むこと。

登下校時における児童生徒等の安全確保について【依頼】（平成30年7月11日　30初健食第14号）

　　　各都道府県・指定都市教育委員会学校安全主管課長　殿
　　　各都道府県私立学校主管課長　殿
　　　附属学校を置く各国公立大学担当課長　殿
　　　構造改革特別区域法第12条第1項の認定を
　　　　受けた地方公共団体の学校設置会社担当課長　殿

　　　　　　　　　　　　　　　　　文部科学省初等中等教育局健康教育・食育課長
　　　　　　　　　　　　　　　　　　　　　　　　　三谷　卓也

　登下校中における児童生徒等の安全確保については、これまでも格段の御尽力をいただいているところですが、新潟市において、平成30年5月に下校中の児童が殺害されるという痛ましい事件が発生しました。
　本事件を受けて、登下校時の子供の安全確保に関する関係閣僚会議において、6月22日に「登下校防犯プラン」が取りまとめられ、「「登下校防犯プラン」について」（平成30年6月22日30初健食第12号）にてお知らせしたところです。
　本プランでは、登下校時における安全確保を確実に図るため、防犯の観点による通学路の緊急合同点検を実施することとされており、文部科学省、厚生労働省、国土交通省及び警察庁の4省庁が連携して対応策を検討し、今般、「通学路における緊急合同点検等実施要領」を作成しました。つきましては、本実施要領に沿って、関係機関との連携による通学路の安全点検及び安全対策を講じていただくようお願いします。
　なお、市町村教育委員会は、本合同点検の全体を通して主体となって取り組むこととし、合同点検の日程及び関係機関との調整、要望等を行うとともに、合同点検の実施に際しては、必要に応じて学校に協力を求めるなど、円滑に合同点検が実施され、安全確保の対策を講じられるようお願いします。
　また、実施対象となる通学路については、学校等で設定している通学路のみならず、自宅から学校に至るまでの経路とし、児童が1人になる区間等を念頭においた危険箇所の抽出をお願いします。
　さらに、放課後子供教室等、放課後に児童を対象とした居場所づくりや学習・体験プログラム等の取組を自治体において実施している場合は、危険箇所の把握・点検が確実に行われるよう、当該取組の担当部署と十分に連携してください。

学校敷地外の放課後児童クラブについては、当該放課後児童クラブ関係者と保護者等が、学校の通学路と異なる放課後児童クラブへの来所・帰宅経路の危険箇所を抽出するため、緊密に連携するようお願いします。

　なお、今般の豪雨等により被災された地域におかれては、災害対応を最優先とし、可能な範囲で合同点検を実施して下さい。

　また、本依頼に基づく緊急合同点検の結果及び点検結果を受けた対策案について、御報告いただくこととしておりますが、報告の時期及び内容については、別途連絡いたします。

　本件については、別添のとおり、厚生労働省、国土交通省及び警察庁から関係機関に対しても、同様に通知されていることを申し添えます。

　各都道府県・指定都市教育委員会学校安全担当課におかれては域内の市町村教育委員会及び所管の学校に対し、この趣旨について周知し、回答を取りまとめていただくとともに、適切な対応がなされるよう御指導をお願いします。各都道府県私立学校主管課長におかれては所轄の私立学校に対し、附属学校を置く各国公立大学担当課長におかれては管下の附属学校に対し、構造改革特別区域法（平成14年法律第189号）第12条第1項の認定を受けた地方公共団体の学校設置会社担当課長におかれては、所轄の学校設置会社等及び学校に対して、この趣旨について周知くださるようお願いします。

【参考資料】

■別添　略

■別紙1～3　略

坂田　仰（さかた・たかし）

和歌山県生
日本女子大学教授

◆ 専攻
　公法学、教育法制論

◆ 略歴
　大学卒業後、大阪府立高等学校教諭として勤務。1991年、東京大学大学院法学政治学研究科公法専攻修士課程に入学、同博士課程を経て、1996年、日本女子大学に赴任。現在に至る。2005年以降、独立行政法人教員研修センター（現教職員支援機構）において、教職員等中央研修の講師として指導に当たる。

◆ 主な所属学会
　日本スクール・コンプライアンス学会会長
　日本教育行政学会常任理事
　日本教育制度学会理事

◆ 主な著作
　坂田仰編著『学校と法─「権利」と「公共性」の衝突』放送大学教育振興会（2016年）
　坂田仰・山田知代『学校を取り巻く法規・制度の最新動向』教育開発研究所（2016年）
　坂田仰編著『生徒指導とスクール・コンプライアンス』学事出版（2015年）

河内　祥子（かわち・しょうこ）

和歌山県生
福岡教育大学准教授

◆ 専攻
　教育実践学、教育法規

◆ 略歴
　大学卒業後、日本女子大学大学院家政学研究科生活経済専攻修士課程に入学、同課程を修了。岐阜県立高等学校教諭、東京都立高等学校教諭として勤務。2007年、福岡教育大学に赴任。現在に至る。

◆ 主な所属学会
　日本スクール・コンプライアンス学会
　日本教育制度学会
　日本教育行政学会
　日本図書館情報学会

◆ 主な著作
　坂田仰・河内祥子編著『学校図書館への招待』八千代出版（2017年）
　坂田仰・河内祥子他『図解・表解　教育法規〔新訂第2版〕』教育開発研究所（2016年）
　坂田仰・河内祥子『ケーススタディ教育法規〔改訂版〕』教育開発研究所（2012年）

イラストと設題で学ぶ
学校のリスクマネジメントワークブック

2017 年 7 月 28 日　初版発行
2020 年 3 月 26 日　第 3 刷発行

著　　者　　坂田 仰　河内 祥子
発 行 者　　武部 隆
発 行 所　　株式会社時事通信出版局
発　　売　　株式会社時事通信社
　　　　　　〒104-8178　東京都中央区銀座5-15-8
　　　　　　電話 03（5565）2155　https://bookpub.jiji.com/

装幀・DTP　　梅井 裕子（デックC.C.）
イラスト　　　寺延 見奈子
編集担当　　　坂本 建一郎
印刷／製本　　太平印刷社

©2017　SAKATA, Takashi　KAWACHI, Shoko
ISBN978-4-7887-1519-6 C0037 Printed in Japan
落丁・乱丁はお取り替えいたします。定価はカバーに表示してあります。